Juegos de tablero y tarjetas

© **Editorial Edinumen, 2013**
© **Adelaida Martín Bosque** (juegos 1, 12, 16, 17, 18, 19, 22, 23, 24, 25, 26 y 27)
Raquel Blanco Alonso (juego 20)
Ximena Miranda Olea (juegos 4 y 30)
Aurora Centellas Rodrigo, Marifrán Cuerpo Blanco y Beatriz del Valle Martínez (juegos 2, 3, 5, 6, 7, 8, 10, 11, 13, 14, 15 y 21)
Silvia Castro (juego 28)
Pilar Casamián y Mónica Quintín (juego 9)

Depósito legal: M-29778-2013
ISBN: 978-84-9848-531-8
Impreso en España
Printed in Spain

Edición:
Amelia Guerrero

Ilustraciones:
Carlos Escudero

Diseño y maquetación:
Carlos Yllana

Impresión:
Gráficas Glodami. Madrid

Editorial Edinumen
José Celestino Mutis, 4. 28028 Madrid
Teléfono: 91 308 51 42
Fax: 91 319 93 09
e-mail: edinumen@edinumen.es
www.edinumen.es

Juegos de tablero y tarjetas

Coordinación: Adelaida Martín

Autoras: Raquel Blanco
Pilar Casamián
Aurora Centellas
Marifrán Cuerpo
Adelaida Martín
Ximena Miranda
Beatriz del Valle
Mónica Quintín
Silvia Castro

Ilustraciones: Carlos Escudero

NIVELES Y MATERIALES

	JUEGO	NIVELES A1	A2	B1	B2	C1	MATERIALES TB	TR
1.	PALABRAS, PALABRAS, PALABRAS...	●	●				●	
2.	DOMINÓ DE PREPOSICIONES		●	●	●	●		●
3.	CASA DE VECINOS	●	●	●	●	●	●	●
4.	¿Y TÚ, QUÉ SABES?		●	●	●	●		●
5.	EL ZOO				●	●	●	●
6.	¿QUÉ SABES DE...?				●	●	●	●
7.	UN PASEO POR EL PASADO		●	●	●	●	●	
8.	DE ANDAR POR CASA		●	●	●	●	●	●
9.	TRIVIAL DEL ESPAÑOL				●	●	●	●
10.	EN LA CIUDAD	●	●	●	●	●	●	●
11.	Y TÚ, ¿CÓMO QUIERES ESTAS COSAS?			●	●	●		●
12.	¿QUÉ... A LAS...?	●	●	●				●
13.	JUGAR CON EL ABECEDARIO	●	●	●	●	●		●
14.	PROPIETARIOS Y POSESIONES	●	●	●				●
15.	UN CRUCIGRAMA	●	●	●	●	●		●
16.	ALGO MÁS QUE PALABRAS		●	●	●	●	●	
17.	¡EL SUBJUNTIVO ES UN JUEGO!				●	●	●	
18.	SE PUEDE O NO SE PUEDE	●	●	●	●	●	●	●
19.	A VUELTAS CON LAS PREPOSICIONES		●	●	●		●	●
20.	DE OCA A OCA...		●	●	●	●	●	
21.	VA DE NÚMEROS	○	○	○	●	●		●
22.	QUÉ HAY Y DÓNDE ESTÁ	●	●	●			●	●
23.	HABLEMOS DE...	●	●	●	●	●		●
24.	TE ESCUCHO			●	●	●	●	
25.	¿ES CORRECTO?	●	●	●	●	●	●	
26.	CUÉNTAME...		●	●	●	●		●
27.	AL TELÉFONO		●	●	●	●		●
28.	¿TE ATREVERÍAS?				●	●	●	
29.	TRES HOTELES		●	●	●	●	●	●
30.	HOY NOS VAMOS DE COMPRAS		●	●	●			●

CLAVE:

- NIVELES. A1 básico; A2 elemental; B1 intermedio; B2 avanzado; C1 superior.
- MATERIALES. **TB**: tablero; **TR**: tarjetas recortables y/o fotocopiables.

Las fotocopias de los juegos 10 y 22 es conveniente hacerlas sobre papel adhesivo.

CONTENIDO DE LA CARPETA

1. Libro con las instrucciones de 30 juegos.
2. TABLEROS: 8 de tamaño A-4, 15 de A-3 y 1 de A-2.
3. BOLSAS conteniendo 55 cartulinas con TARJETAS RECORTABLES y/o FOTOCOPIABLES.
4. 1 HOJA DE ADHESIVOS con nombres de juegos, dado recortable y fichas para jugar. Sugerimos que se utilicen bolsas para contener las tarjetas una vez estén recortadas.

ÍNDICE

1 Palabras, palabras, palabras...

- **Niveles:** A1 y A2.
- **Objetivo:** repasar contenidos léxicos del nivel A: sustantivos, adjetivos y verbos.
- **Material:** tablero, dado y fichas.

Desarrollo de la actividad

Por turnos, cada estudiante tira el dado y avanza el número de casillas correspondiente. En caso de no responder correctamente a lo que se indica en la casilla que se ocupe, se retrocederá a la casilla donde estaba antes de tirar. Ganará el alumno que llegue a la casilla final.

Casillas especiales:

(7, 19, 30, 40) El alumno situado a la derecha (A) del que haya caído en esta casilla (B) pensará en una palabra y la escribirá en la pizarra, de tal manera que B no pueda verla. B tendrá que averiguarla haciendo preguntas (de respuesta *sí/no*) al resto de los estudiantes.

(8, 17, 27, 37) El alumno que caiga en esta casilla debe pensar en una palabra y marcar en la pizarra el número de letras. El resto de estudiantes deberá adivinar la palabra diciendo letras hasta completar la palabra. Si la letra no forma parte de la palabra, este hará una línea o parte del dibujo del ahorcado (para unificar interpretaciones, se entenderá que el dibujo se forma con nueve líneas). Si los estudiantes no adivinan la palabra antes de que el dibujo esté completo, dicho estudiante avanzará tres casillas más, de tal forma que ganará un turno.

(14, 29, 38) Todos deben escribir en un papel la palabra más larga que conozcan en español. El que la tenga y sea correcta, ganará el turno.

(15) El resto de estudiantes escribirá en un papel el día, mes y año de su nacimiento (todo en números y separado por guiones). El alumno que caiga en esta casilla las leerá según se indica en el ejemplo.
24-03-1972 ("veinticuatro de **marzo** de mil novecientos setenta y dos").

(41) Todos los estudiantes harán una pregunta, relacionada con el léxico, a la persona que haya caído en esta casilla.

2 Dominó de preposiciones

- **Nivel:** a partir de A2.
- **Objetivos:** para los niveles A2 y B1, práctica oral de las preposiciones y locuciones preposicionales de lugar, de movimiento y de tiempo. En los niveles B2 y C1 usos especiales y/o complejos de las preposiciones *a, con, de, desde, en, por* y *para*.
- **Material:** se han preparado dos lotes de cuarenta fichas cada uno. Pertenecen a los niveles A2 y B1 aquellas que presentan una imagen a la izquierda.

Desarrollo de la actividad

Si son cuatro participantes o menos, cada jugador tomará siete fichas y el resto quedará sobre la mesa para robar ficha cuando un alumno no pueda construir ninguna frase con las que ya tiene en la mano.

En caso de ser más de cuatro participantes, las fichas se distribuirán equitativamente entre todos los jugadores y no habrá remanente.

Se decide, antes de repartir las fichas, quién comenzará (el alumno más joven, aquel cuyo nombre empiece por la primera letra del abecedario, el profesor elige una ficha cualquiera...). Una vez colocada la primera ficha sobre la mesa, el siguiente estudiante debe intentar formar una frase utilizando una de sus fichas y la que está en la mesa. El resto de estudiantes utilizará una de sus fichas y una de las que estén en los extremos de las colocadas en la mesa, igual que en el juego del dominó. Los nexos entre las fichas han de ser las preposiciones anteriormente citadas. En los niveles A2 y B1, se colocarán las fichas de forma que queden juntos texto con dibujo o dibujo con texto, pero no es correcto texto con texto ni dibujo con dibujo.

Todas las reglas del juego pueden discutirse y decidirse entre los alumnos (jugar individualmente, en parejas o pequeños equipos, quién gana, qué hacer si un participante construye una frase errónea, etc.). Nuestra propuesta de juego es la siguiente:

Si al colocar una ficha, los demás estudiantes piensan que la frase creada no es correcta, deberán discutirlo y podrán consultar al profesor. Si la frase es correcta, la ficha quedará sobre la mesa; en caso contrario, el alumno recogerá la ficha y correrá turno. Si el alumno decide, antes de elaborar la frase, que no tiene ninguna ficha que le permita crear una frase correcta, robará una ficha del montón que haya quedado sobre la mesa (de no haber fichas pasará turno).

Gana el jugador que antes pueda desprenderse de todas las fichas. Si esto ocurre cuando quedan muchas fichas sin colocar, este jugador puede pasar a jugar en pareja o añadirse al grupo que conserve más fichas en su poder.

3 Casa de vecinos

- **Nivel:** a partir de A1.
- **Objetivos:**
  - En niveles A1 y A2:
    - Practicar *ir*, *ser* y *estar* (expresar dirección, describir, valorar, localizar...).
    - Practicar la improvisación (expresión oral: adquirir fluidez).
  - En niveles B y C:
    - Practicar *ir*, *ser* y *estar* (describir, valorar, localizar...).
    - Practicar las oraciones subordinadas causales (expresar causa).
    - Practicar las oraciones subordinadas finales (expresar finalidad).
    - Practicar la improvisación (expresión oral: adquirir fluidez).
- **Material:**
  - Un tablero que representa una casa de vecinos, cortada en sección para ver lo que ocurre en el interior. Son, en total, dieciséis viviendas y locales en los que encontramos diferentes personajes.
  - Tarjetas que representan diferentes personajes.

Desarrollo de la actividad

Estáis ante una casa de vecinos a la que se dirigen, por uno u otro motivo, diferentes personajes. El juego consiste en explicar quiénes son esos personajes y adónde van, a quién van a ver, qué van a hacer, por qué, para qué, etc.

Cada alumno cogerá una de las tarjetas del montón y, sin ver lo que oculta cada vivienda, deberá elegir un piso al que su personaje se dirige. Cuando todos los alumnos hayan elegido un piso, se abrirán las ventanas para enseñar a todos lo que nos muestra el interior de cada uno. Aquí es cuando, por turnos, cada alumno debe empezar a improvisar, a explicar quién es su personaje, cómo es, en qué trabaja, a quién va a ver, para qué, qué está haciendo, etc.

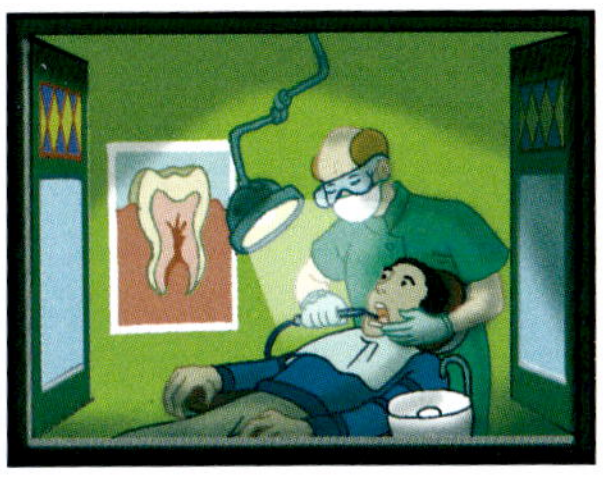

Continúa

3 Casa de vecinos

Date cuenta de que cada personaje, en realidad, tiene un piso al que se dirige:

1.	Chico moderno.	....	a.	Chica moderna escuchando música en casa.
2.	Cobrador de impuestos.	....	b.	Pitonisa.
3.	Señora que va a la compra con un carrito.	....	c.	Tendero.
4.	Niña que va a clase con su cartera.	....	d.	Profesora extranjera que da clases particulares.
5.	Ladrón con un saco vacío.	....	e.	Señora con muchas joyas.
6.	Viejecita con un perro tirando de una correa.	....	f.	Veterinaria.
7.	Repartidor de fruta y verdura.	....	g.	Señora haciendo la comida.
8.	Fontanero.	....	h.	Lavabo atascado.
9.	Pintor de cuadros.	....	i.	Galería de arte.
10.	Monitor de gimnasia.	....	j.	Gimnasio.
11.	Mujer elegante.	....	k.	Hombre con traje de etiqueta.
12.	Albañil.	....	l.	Señor en su casa con una pared derruida.
13.	Médico.	....	m.	Joven enfermo en la cama.
14.	Camarero con una bandeja con dos cafés.	....	n.	Peluquería.
15.	Señor con un flemón.	....	o.	Dentista.
16.	Chica adolescente con gafas y mochila.	....	p.	Adolescente jugando a videojuegos.

Como será difícil que el alumno, al azar, elija el piso que corresponde a su personaje, tendrá que improvisar una historia algo más complicada. Cuando todos los alumnos hayan terminado de contar su historia, entre todos deben deducir, lógicamente, qué personaje iba a cada casa o local. (El señor al que le duele una muela irá a ver al dentista, y así sucesivamente).

Otra posibilidad es que, antes de nada, se les muestre a los alumnos lo que hay en el interior de cada lugar. Cada alumno cogerá su ficha y deberá deducir a qué sitio va su personaje, pero teniendo todas las demás viviendas delante. Después, el juego continuará como se ha explicado anteriormente.

4 ¿Y tú, qué sabes?

- **Nivel:** a partir de A2.
- **Objetivo:** aproximación a varios aspectos de la cultura general española e hispanoamericana: literatura, historia y espectáculo.
- **Material:**
  - Una baraja de veinticuatro cartas: doce de color naranja (A: espectáculo y cultura general) y doce de color verde (B: historia y literatura); una plantilla con cartas en blanco para crear nuevas tarjetas.
  - Un dado.

Desarrollo de la actividad

Hay dos variantes: la primera se juega con toda la clase (máximo doce personas), y la segunda en dos grupos.

Los alumnos se disponen en círculo. Las cartas se colocarán con el texto boca abajo y separadas según el color. Se tira el dado para establecer quién es el primero, que será el que haya obtenido la cifra más alta, y lanzará el dado para saber qué pregunta le toca. Si sale un número impar, le toca una pregunta de color naranja (espectáculo y cultura general), y si es un número par, le toca una pregunta de color verde (historia y literatura). La persona que tenga a la derecha le hará la pregunta. Y así se completará la vuelta.

Si se juega en grupos, el mecanismo del juego solamente varía en la disposición de los alumnos: de dos en dos, de tres en tres, de cuatro en cuatro... Se establecerá un portavoz del grupo para que responda a las preguntas, y se pondrá un tiempo límite de un minuto. Esta variante se recomienda para consolidar el trabajo en equipo. Ganará el alumno o grupo que haya contestado a más preguntas.

Por último, el profesor puede crear nuevas tarjetas o proponer a los alumnos que las hagan ellos para continuar el juego otro día.

5 El zoo

- **Nivel:** a partir de B2.
- **Objetivo:** práctica del léxico relacionado con los animales: sonidos que producen, onomatopeyas, especies, partes del cuerpo, expresiones y grupos.
- **Material:**
  - Un tablero con treinta y ocho casillas numeradas, en diecinueve de las cuales se representa un animal.
  - Una ficha por cada jugador.
  - Un dado para el grupo.
  - Juego de tarjetas con preguntas (que se colocarán boca abajo).

Desarrollo de la actividad

Los alumnos tiran el dado y mueven su ficha. Si la ficha cae en una casilla sin imagen, el jugador deberá responder a la pregunta que aparece en una de las tarjetas y que le será formulada por uno de los compañeros. Si la ficha cae en una casilla con imagen, el alumno deberá elegir una de las siguientes categorías y responder:

1. Nombre del animal.
2. Nombre del sonido que produce.
3. Onomatopeya.
4. Especie a la que pertenece.
5. Parte del cuerpo característica del animal (ej.: *león-melena*).
6. Modismos o expresiones en las que figure el nombre del animal.
7. Nombre que recibe una agrupación de estos animales.

El profesor le hará la pregunta correspondiente al número elegido.

En caso de que la respuesta no sea correcta, el alumno devolverá la ficha a la posición que ocupaba antes de moverla; si contesta adecuadamente, mantiene su posición y, en ambos casos, continúa jugando el siguiente compañero.

Si un jugador cae en una casilla en la que anteriormente haya caído otro compañero, no podrá elegir un número que se corresponda con una pregunta que ya haya sido contestada correctamente.

Ganará el jugador que llegue antes a la salida del zoo.

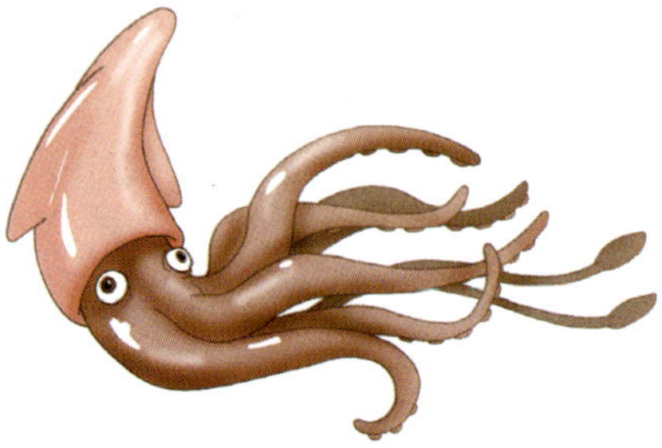

5 El zoo

	1. Nombre	2. Sonido que produce	3. Onomatopeya	4. Especie	5. Partes del cuerpo	6. Expresiones	7. En conjunto
1.	perro	ladrar	*guau*	mamífero	hocico	*Ser un perro faldero.*	jauría
3.	oveja	balar	*bee-bee*	ovina	lana	*Estar como un corderito.*	rebaño
5.	gallina/ gallo	cacarear	*quiquiriquí*	gallinácea	cresta	*Ser un gallina.*	
7.	caballo	relinchar	*hin-hin*	equino	casco	*Ir a mata caballo.*	recua
9.	gato	maullar	*miau*	felino	bigotes	*Llevarse el gato al agua.*	
11.	toro	mugir	*mu*	vacuna	asta, cuerno	*Ser fuerte como un toro.*	ganadería
13.	camello			rumiante	giba, joroba	*Ser un camello.*	
15.	cerdo	gruñir	*oinc-oinc*	porcina	morro	*Ser un cerdo.*	piara
17.	grillo	chirriar	*cri-cri*	insecto ortóptero	antenas	*Tener la cabeza como una jaula de grillos.*	
19.	sardina			pez	agallas	*Estar como sardinas en lata.*	banco
21.	pulpo			cefalópodo	tentáculos	*Ser un pulpo.*	
23.	serpiente	silbar	*pzzzzz*	reptil	escamas	*Tener lengua viperina.*	nido
25.	rana	croar	*croac*	batracio	ancas	*...cuando las ranas críen pelo.*	
27.	pato	parpar	*cuac*	palmípedo	pico	*Ser un patoso.*	bandada
29.	oso	gruñir	*grrrr*	plantígrado	zarpa	*Hacer el oso.*	
31.	lobo	aullar	*auuuuuh*	mamífero	colmillos	*Menos lobos Caperucita.*	manada
33.	elefante	barritar		paquidermo	trompa	*Tener memoria de elefante.*	manada
35.	pájaro	piar	*pío, pío*	ave	alas	*Quedarse pajarito.*	bandada
37.	león	rugir	*groarrrr*	felino	melena	*Ser una leonera.*	manada

6 ¿Qué sabes de...?

- **Nivel:** a partir de B2.
- **Objetivos:** conocer y practicar algunos aspectos de la cultura española.
- **Material:**
  - Un tablero de cincuenta casillas numeradas. En ocho de las casillas, se formula una pregunta y, en las cuarenta y dos restantes, se representan dibujos que aluden claramente a diferentes temas de la cultura española.

	**Arte y espectáculos**	1, 6, 14, 26, 39, 48
	**Gastronomía**	3, 15, 21, 32, 35, 43
	**Supersticiones**	7, 17, 23, 25, 31, 44
	**Fiestas típicas**	8, 13, 18, 30, 37, 46
	**Fraseología**	4, 12, 29, 36, 40, 49
	**Sociedad**	10, 19, 28, 38, 45, 50
	**Vestimenta**	2, 9, 16, 22, 34, 42
	**Casillas con pregunta**	5, 11, 20, 24, 27, 33, 41, 47

  - Una ficha por cada jugador.
  - Un dado por grupo.
  - Un juego de tarjetas que contienen preguntas con los diferentes temas. Cada icono se corresponde con uno de los temas culturales anteriormente citados.

Desarrollo de la actividad

Cada alumno tirará el dado y moverá su ficha las casillas correspondientes. Si la ficha cae en una casilla donde hay una pregunta, el jugador deberá responder. Si lo hace correctamente, podrá volver a tirar el dado y seguirá jugando; si la respuesta no es correcta, retrocederá a la casilla de la que procede y continuará el juego el siguiente compañero. Si, por el contrario, la ficha cae en una casilla donde hay una imagen, el alumno deberá responder a la pregunta de una de las tarjetas que, según la correspondencia **icono ➡ tema cultural**, le formulará uno de sus compañeros. Ganará el jugador que antes llegue al final del juego.

Soluciones a las preguntas de las casillas:

5. Galicia, Asturias, Cantabria, País Vasco, Navarra, Aragón, Cataluña, Comunidad Valenciana, Castilla-La Mancha, Comunidad de Madrid, Castilla y León, Extremadura, Andalucía, Murcia, Islas Baleares, Islas Canarias, Ceuta y Melilla.

11. En Granada.

20. Frutas, legumbres, aceite, jamón, vino...

24. Un abanico.

33. Murciélago.

41. La Giralda.

47. Cuatro: el castellano (o español), el catalán, el gallego y el vasco o euskera.

7 Un paseo por el pasado

- **Nivel:** a partir de A2.
- **Objetivos:**
  - Practicar los tiempos del pasado (hablar y expresar acciones pasadas).
  - Hablar de un pasado reciente o cercano (pretérito perfecto).
  - Expresar una acción pasada y terminada en el tiempo (pretérito indefinido).
  - Hablar de un momento o fecha determinada (pretérito indefinido).
  - Hablar de acciones habituales en el pasado (pretérito imperfecto).
  - Describir una situación en el pasado (pretérito imperfecto).
  - Narrar/contar un suceso o acontecimiento en el pasado (pretérito indefinido).
- **Material:**
  - Un tablero de cuarenta y tres casillas de cinco tipos.
  - Fichas y un dado.

Desarrollo de la actividad

Se decide entre los alumnos quién comienza el juego (por ejemplo, el que, en una ronda de tiradas, haya sacado el número más bajo). Ese estudiante tira y avanza tantas casillas como indique el dado y deberá, según en la casilla en la que haya caído, describir un sueño, contar un suceso, etc. La clase y el profesor actuarán como árbitro; si estos consideran que la respuesta no es adecuada o se han cometido demasiados fallos, el alumno deberá retroceder a la casilla que ocupaba anteriormente. A continuación, tira el dado el siguiente jugador. Gana el alumno que primero haga el recorrido completo.

Tipos de casillas:

A. Casillas que tienen el número en color azul presentan dibujos variados relacionados con los sueños. En ellas, el alumno hablará de dichos sueños (ej. Casilla 24: "Estaba en una isla desierta y...").

B. Casillas en las que aparecen exponentes temporales o causales del tipo *todavía no*, *como*, *entonces*, *ya*... para que el alumno invente una situación y haga frases utilizando el tiempo correspondiente (ej. Casilla 31: dos amigos se encuentran en la calle, uno comenta a otro por qué no asistió a la cena del sábado, "Como estaba muy cansado, me quedé dormido").

C. Casillas divididas en dos y en las que aparece *antes/ahora*. El alumno tendrá que hablar de los cambios que se han producido, por ejemplo, en su ciudad, en el mundo, en su vida, etc. (ej. Casilla 5: "Antes era muy introvertido pero ahora soy más extrovertido *porque*...").

D. Casillas en las que nos encontramos un periódico. Las hay de dos tipos:

1. Las que tienen en su portada una noticia. El alumno tendrá que seguir e inventar dicha noticia (ej. Casilla 17: Se estrena la última película de... "Ayer se estrenó la última película del conocido director... todos los actores llegaron puntuales a la cita, mucha gente esperaba...").

2. Las que tienen un periódico sin la noticia (ej. Casilla 3: el alumno tendrá que inventar un titular de noticia, o contar la última noticia que ha oído o leído).

Variante: sugerimos otra explotación para estas casillas relacionadas con el periódico: el profesor puede llevar a clase titulares de periódicos recortados para que el alumno construya una noticia y después la cuente.

E. Casillas que servirán de descanso al alumno (casillas 4, 11, 20, 28, 29 y 39).

8 De andar por casa

- **Nivel:** a partir de A2.
- **Objetivos:**
  - Práctica de la pronunciación.
  - Práctica de la corrección en la pronunciación.
  - Práctica del léxico relacionado con la vivienda.
  - Práctica de la división de palabras en sílabas.
  - Práctica de los interrogativos.
- **Material:**
  - Cuatro carteles. Cada uno representa una habitación diferente de la casa: el dormitorio, el salón, la cocina y el baño.
  - Tarjetas con las palabras de los objetos, que responden a oposiciones fonemáticas y/u ortográficas. Cada tarjeta tiene dos palabras: una por el reverso, y otra por el anverso. Una de ellas correcta y otra incorrecta.

Tarjetas azules: /p/ - /b/

nevera............ *nepera
esponja.......... *esbonja
portafotos....... *bortafotos
bata............... pata

Tarjetas amarillas: /t/ - /d/

tenedor .... *denedor
toalla .... *doalla
cortina .... *cordina
diana .... *tiana

Tarjetas rojas: /r/ - /r/

tarro .... *taro
bañera .... *bañerra
librería .... *librerría
lámpara .... *lámparra

Tarjetas naranjas: /θ/ - /s/

cazo .... caso
cepillo............ *sepillo
cenicero .... *senisero
sábana........... *zábana

Tarjetas marrones: /g/ - /gw/

pingüino......... *pinguino
paragüero ...... *paraguero

Tarjetas grises: /g/ - /x/

guante............ *juante
cajón .... cagón
cojín .... *coguín
gato............... *jato

Tarjetas blancas: /l/ - /r/

plato	*prato	cámara	*cámala
azulejos	*azurejos	marioneta	*malioneta

Tarjetas rosas: /cu/ - /qu/

cuenco	*quenco	cuento	*quento
cuadro	*quadro		

Tarjetas verde oscuro: /w/ - /gw/

huevo	*güevo	hueso	*güeso
huella	*güella		

Tarjetas violeta: /l/ - /j/

bayeta	*balleta	llave	*yave
alfombrilla	*alfombriya		

Tarjetas verde claro: /g/ - /k/

cacerola	*gacerola	cadena de música	*gadena de música
grifo	*crifo		

Desarrollo de la actividad

El profesor coloca los cuatro carteles encima de mesas o sillas, y reparte las tarjetas entre los alumnos. Los alumnos leen las dos palabras de cada tarjeta e identifican:

1. El objeto que representan.
2. Cuál de las dos palabras de la tarjeta es la que está correctamente escrita para ser correctamente pronunciada.

Si los alumnos no saben qué significa la palabra que aparece en su tarjeta, preguntarán al profesor, el cual podrá darles pistas: dónde está, para qué sirve, de qué color es, qué forma tiene, etc. Todos los alumnos deberán buscar "su objeto" en los carteles expuestos por la clase. Cuando todos lo han encontrado, se sientan sin decir nada. Comienza el primer alumno que lee la palabra correcta de una de sus tarjetas en voz alta, se levanta y la coloca sobre el objeto del cartel con el que se corresponda; el siguiente alumno que continuará el juego será aquel que, en cualquiera de sus tarjetas, tenga una palabra formada por alguna de las sílabas que tuviera la palabra leída anteriormente por su compañero. Si no hubiera ninguna, se puede pensar en otras posibilidades:

1. Palabra que empiece por la última letra de la palabra leída por su compañero.
2. Palabra que tenga una de las letras de la palabra leída por su compañero.
3. Palabra que represente un objeto que esté en la misma habitación de la casa en la que el último compañero ha pegado su tarjeta, etc.

Perderá el alumno que más tiempo tarde en colocar sus tarjetas.

9 Trivial del español

- **Nivel:** a partir de B2.
- **Objetivos:**
  - Aprender y repasar algunos de los contenidos a partir del nivel B2.
  - Reforzar y asentar los aspectos más complejos de este nivel referidos al léxico, la gramática, funciones, cultura y frases hechas, de forma lúdica y más distendida que en una clase convencional.
- **Material:**
  - Un tablero dividido en seis franjas verticales de colores amarillo, azul, naranja, rojo, verde y violeta.
  - Un dado con las caras de cada uno de sus lados pintados con el mismo color que las franjas del tablero. En cada una de las caras del dado están escritas las pruebas penalizadoras.
  - Treinta y seis tarjetas divididas en grupos de seis y en los mismos colores que los de las franjas del tablero. Las seis tarjetas de un mismo color corresponden a seis preguntas de igual categoría.
  - Las seis categorías de preguntas son las siguientes: tarjetas amarillas (gramática I), tarjetas azules (cultura), tarjetas naranjas (vocabulario), tarjetas rojas (gramática II), tarjetas verdes (funciones comunicativas) y tarjetas violetas (expresiones).

Desarrollo de la actividad

- El profesor divide la clase en seis grupos. Asigna a cada equipo un color: amarillo, azul, naranja, rojo, verde y violeta.
- Sitúa el tablero en el centro de la mesa y en cada franja coloca boca abajo las seis tarjetas correspondientes a su color.
- El equipo que lleve el color que sale al azar al lanzar el dado la primera vez, comienza el juego. Se continúa el turno siguiendo el sentido contrario a las agujas del reloj. El juego finaliza cuando no haya tarjetas sobre el tablero. Gana el juego el equipo que mayor número de tarjetas tenga en su poder.
- Cada grupo tiene que responder, a su elección, la categoría de pregunta que escoja, sin poder repetir de categoría en posteriores turnos.
- Si la respuesta es correcta, el equipo se quedará con la tarjeta correspondiente.
- Si la respuesta no es correcta, el profesor retiene la tarjeta y se procede al rebote.
- El rebote pasa al equipo al que se le ha asignado el color de la tarjeta elegida (si no se pudiera hacer de esta manera, el rebote se decidirá lanzando el dado).
- Hay un máximo de dos rebotes. Si el tercer equipo no sabe la respuesta, el profesor la explicará y retendrá la tarjeta hasta finalizar el juego.
- Hay penalización para el equipo que en su turno no responda correctamente.
- La penalización consiste en realizar una prueba que está escrita en la cara del dado del color correspondiente a la tarjeta (que en este caso no corresponderá necesariamente a la categoría de la tarjeta).
- Como en cada cara del dado hay varias pruebas penalizadoras, el equipo que lleve el color de la tarjeta podrá elegir la que ha de realizar el grupo que ha fallado la pregunta.

10 En la ciudad

- **Nivel:** a partir de A1.
- **Objetivos:**
  - Nivel A1: familiarizarse con la imagen global. Practicar: léxico de profesiones, presente continuo, descripción, *ser* y *estar*.
  - Nivel A2: práctica de los tiempos de pasado, expresión de la probabilidad, hacer hipótesis con indicativo, *ser* y *estar*.
  - A partir del nivel B1: hacer hipótesis con indicativo/subjuntivo, tiempos del pasado, *ser* y *estar*, verbos de sentimiento, estilo indirecto.
- **Material:**
  - Tablero. Lámina donde se observa una imagen urbana. En ella aparecen catorce personajes realizando diversas acciones.
  - Personajes que deberán recortarse.
  - Tarjetas con datos para la identificación de cada personaje (la tarjeta no contiene la primera línea, que se corresponde con la identificación del personaje. Aquí se ofrece para el profesor).

Personajes:

1. Chico leyendo el periódico.
- Se llama Andrés.
- Está en paro y todos los días busca ofertas de trabajo.

2. Mecánico arreglando una rueda.
- Se llama José Manuel.
- Siempre le han gustado los coches y es un experto en todo tipo de motores.

3. Portera barriendo un portal.
- Se llama Juana.
- Le encanta enterarse de la vida de los vecinos.

4. Limpiacristales.
- Se llama Miguel.
- En su casa, los fines de semana, no limpia ni un solo cristal.

5. Señora esperando el autobús.
- Se llama Pilar.
- Es secretaria y ecologista. Utiliza el transporte público a diario.

6. Señor llamando a un taxi.
- Se llama Valentín.
- Viaja mucho por cuestiones de trabajo.

7. Policía municipal dirigiendo el tráfico.
- Se llama Rosa.
- Los días de lluvia tiene mucho trabajo.

8. Señor leyendo el periódico en un banco.
- Se llama Juan.
- Desde que se jubiló, se dedica a pasear y a la lectura.

9. Repartidora de publicidad.
- Se llama Daniela.
- Por su trabajo pasa muchas horas de pie.

10. Turista entrando a un museo.
- Se llama Yoshio.
- Su gran pasión es la pintura moderna y contemporánea.

11. Señora que compra fruta.
- Se llama Teresa.
- En su casa son vegetarianos.

12. Vendedor de fruta.
- Se llama Antonio.
- Necesita una furgoneta nueva para cargar la fruta.

13. Cartero repartiendo cartas.
- Se llama Felipe.
- La época de más trabajo es la Navidad porque todo el mundo envía tarjetas de felicitación.

14. Chico tomando un refresco.
- Se llama Fernando.
- Todas las semanas toma algo en la terraza del bar, después de trabajar.

Desarrollo de la actividad

Propuestas:

A. A partir de nivel A1.

Esta primera actividad tiene como objetivo que los alumnos se familiaricen con la imagen global. Se practicarán el léxico de profesiones, el presente continuo, la descripción (espacial, física y de carácter: *ser*, *estar*, *hay*) y la lectura.

1. Se reparten los personajes y las tarjetas de identificación entre los alumnos (con cuidado para que un alumno no tenga a la vez el personaje y la tarjeta que lo describe).
2. Cada alumno leerá su tarjeta y se asegurará de que comprende toda la información que aparece en ella. Además, observará a su personaje y deducirá qué profesión tiene, qué está haciendo y otros datos que puedan ayudarle a presentar al personaje a los demás estudiantes.
3. El alumno que inicie el juego leerá en voz alta el contenido de la tarjeta y explicará a sus compañeros las palabras que estos no entiendan, si fuera necesario.
4. El alumno que posea el personaje descrito en la tarjeta leída se lo hará saber a los demás y explicará qué profesión tiene el personaje y qué está haciendo.
5. Este alumno leerá su tarjeta, y así sucesivamente.
6. Después, cada estudiante colocará el personaje en la lámina y, si tiene problemas para ello, los demás podrán ayudarle mediante indicaciones verbales.

Una vez completada la lámina y presentados todos los personajes, el profesor puede realizar diversas actividades de explotación de la imagen dependiendo del nivel de los alumnos.

B. A partir del nivel A2.

Práctica de los tiempos de pasado.

- Los alumnos, en parejas, seleccionarán dos personajes y harán una reconstrucción de sus vidas, explicando cómo se conocieron, cuándo, dónde y qué relación mantienen ahora.
- Se da tiempo a los alumnos para que, individualmente, compongan una biografía de uno de los personajes. Después, leerán a sus compañeros el texto que han redactado y los demás estudiantes adivinarán de qué personaje está hablando.

C. A partir del nivel B1.

- Los alumnos pueden trabajar la formulación de hipótesis mediante el uso del futuro, el condicional o de otras expresiones de probabilidad: *quizás, tal vez, es posible que...* Se repartirán tarjetas y personajes, al igual que en la opción A, y los alumnos harán hipótesis sobre los personajes: "Trabajará en una empresa de seguros, puede que esté viuda...". Posteriormente se confirmará la información con la lectura de las tarjetas relacionadas.

D. A partir del nivel B2.

Práctica del estilo indirecto.

Cada estudiante elige un personaje y redacta un monólogo interior, por ejemplo, qué pensaba el personaje hoy mientras desayunaba. El profesor irá corrigiendo y ayudando a los estudiantes durante la redacción. Después, otro estudiante relatará a los compañeros el monólogo, empezando con la fórmula: "Esta persona pensaba esta mañana que..." (La fórmula de inicio puede ser la que el profesor considere oportuna dependiendo de los conocimientos de los alumnos).

11 Y tú, ¿cómo quieres estas cosas?

- **Nivel:** a partir de B1.
- **Objetivos:** práctica de la alternancia indicativo/subjuntivo en las oraciones sustantivas con verbos de influencia y en las oraciones adjetivas. Describir objetos.
- **Material:**
  - Tarjetas.

Desarrollo de la actividad

Los alumnos leen el siguiente texto:

> La bruja Mon necesitaba un reloj.
>
> – Lo quiero sumergible –pensó–, con cronómetro y alarma; que dé las horas, los días, el mes y el año.
>
> Sacó su varita mágica y pronunció las palabras secretas. Entonces, delante de la cueva, apareció un reloj de sol.
>
> Pero el día estaba nublado y la bruja Mon no pudo saber si era la hora del desayuno o la de la comida, así que preparó la merienda.
>
> – Mi varita es tan vieja que solo fabrica antigüedades –se quejó Mon–. Yo quiero un reloj moderno. Y una varita que funcione.
>
> Pilar Mateos, *La bruja Mon*. Ediciones SM, Madrid.

OPCIÓN A

Vamos a pedir

El profesor explica a los alumnos que ellos también van a hacer magia pero que primero tienen que pensar qué cosas mágicas quieren. A continuación, el profesor reparte a cada estudiante o pareja de estudiantes una fotocopia de las fichas. Los alumnos, en parejas o individualmente, eligen tres o cuatro objetos y describen cada uno de ellos utilizando la fórmula que ha usado la bruja Mon: "Quiero un... que + subjuntivo". Una vez definida la característica mágica, las fichas con los objetos mágicos se apartan.

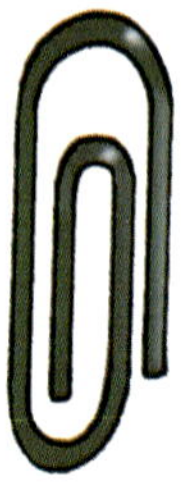

Vamos a hacer magia

Con las fichas que restan, los alumnos van a seleccionar de nuevo tres o cuatro, y esta vez van a hacer magia. Los alumnos describirán el objeto mágico que han creado y lo escribirán sobre la ficha: "Esto es un... que + indicativo".

Mientras los alumnos realizan estas dos actividades, el profesor se asegurará de que utilizan correctamente las estructuras que necesitan; puede ayudarles con el léxico, si tienen problemas.

Mercadillo de magos

Ahora, ha llegado el momento del intercambio.

Se trata de que los estudiantes regalen los objetos mágicos que han creado a los que estén buscando dichos objetos, mediante la práctica oral. Se pueden entablar diálogos como el que sigue:

– *Yo quiero un ipod que no necesite batería.*

– *Yo tengo un ipod que necesita batería pero que siempre sabe qué música quieres escuchar. ¿Te interesa?*

Si el alumno que inició la conversación quiere el objeto, el que lo posee le dará su ficha correspondiente con la descripción que lo hace mágico.

El objetivo es que, en la práctica oral que proponemos, se desarrollen otras estrategias de negociación, de modo que los alumnos pueden intentar convencer a sus compañeros de que ellos necesitan ese objeto más que nadie u ofrecer otro objeto en contrapartida, si hubiera más de un alumno con la misma petición. En este caso, se puede proponer un sistema para puntuar y que haya, al final de la actividad, un estudiante o pareja ganadora.

OPCIÓN B

El grupo puede dividirse en dos. Uno de ellos diseñará, en equipo, todos los objetos mágicos (habrá que buscar características extrañas) y el otro, individualmente, decidirá qué objetos quiere pedir a los magos. Luego se procederá al intercambio. Los magos tendrán que entregar todos los objetos que se le pidan –si los tienen–. La descripción debe coincidir plenamente.

12 ¿Qué... a las...?

- **Niveles:** de A1 a B1. Para el nivel A1, se puede usar el juego una vez que se hayan explicado las acciones habituales y las actividades de ocio; para el nivel B1, se puede utilizar para repasar contenidos.
- **Objetivos:** practicar los tiempos verbales, según el nivel, presente, pretérito perfecto (nivel A1), pretérito indefinido, pretérito imperfecto, futuro (nivel A2). Asimismo, se repasa el vocabulario de acciones habituales y de tiempo libre.
- **Material:**
  - Fotocopias de las plantillas.

Desarrollo de la actividad

Se divide a los estudiantes por parejas y se le entrega a cada una de ellas una plantilla A y una B. El poseedor de la plantilla A no mirará la B y viceversa. En las dos plantillas hay vacíos de información que habrá que completar mediante preguntas, por turnos. La información que falta en A puede encontrarse en B y, del mismo modo, los datos que no están en B se pueden encontrar en A. Las preguntas que se formulan variarán según los objetivos:

Si se quiere practicar el...	se hará la pregunta... (adaptada al tiempo y persona/s correspondientes)
- presente	- ¿Qué hace Pepe a las 20:00?
- pretérito perfecto	- ¿Qué ha hecho Pepe a las 20:00?
- pretérito indefinido	- ¿Qué hizo Pepe ayer a las 20:00?
- pretérito imperfecto	- ¿Qué hacía antes Pepe a las 20:00?
- futuro	- ¿Qué hará/va a hacer Pepe mañana a las 20:00?

Nota: es necesario señalar a los alumnos que la respuesta a las preguntas con las personas *tú* y *vosotros* se realizarán con *yo* y *nosotros*, respectivamente.

13 Jugar con el abecedario

- **Nivel:** a partir de A1.
- **Objetivo:** practicar el léxico de un determinado campo semántico que el profesor proponga.
- **Material:**
  - Fichas con las letras del abecedario.

Desarrollo de la actividad

1. Se recortan las letras del abecedario y se introducen en una bolsa. Se reparten diez letras por parejas/pequeños grupos de estudiantes, y el resto de las letras quedan en la bolsa.

EJEMPLO:
TEMA "COMIDAS"

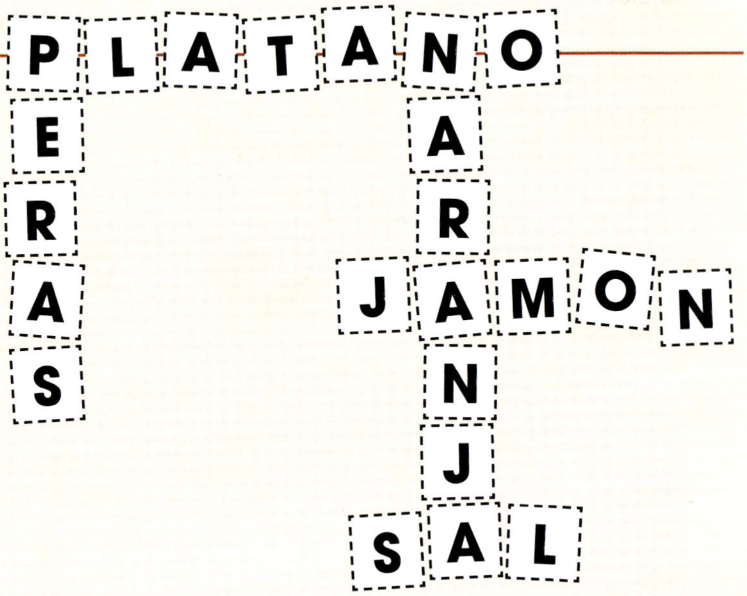

2. Empieza la pareja/grupo que forme antes una palabra con el tema que se proponga o estudie, por ejemplo: ropa, comida, transportes, siglas, adjetivos... Una vez colocada la palabra en el centro de la clase (mesa/suelo), le toca el turno a la pareja o grupo de la derecha del que empezó, debiendo continuar a partir de las letras que hay en el suelo poniendo otra palabra relacionada con el tema. Si la persona o grupo a quien le toque jugar no puede formar ninguna palabra en un tiempo determinado, deberá coger dos letras de la bolsa y pasar turno.

EJEMPLO:
TEMA "SIGLAS Y ABREVIATURAS"

14 Propietarios y posesiones

- **Niveles:** de A1 a B1. En los niveles A2 y B1, también se puede usar como reactivación.
- **Objetivo:** repasar las formas de los pronombres y/o adjetivos posesivos.
- **Material:**
  - Tarjetas.

Desarrollo de la actividad

- El profesor pone sobre la mesa dos montones de tarjetas boca abajo. Uno de los montones está compuesto por las fichas que se refieren a los objetos poseídos. El segundo es el grupo de los propietarios de esos objetos.
- Se recomienda formar grupos de cuatro alumnos aproximadamente.
- El profesor explicará a los alumnos cuál es la estructura que se va a practicar (uso de los pronombres o de los adjetivos posesivos o de ambos) y propondrá una frase modelo:

"Este es su coche"
o
"Este coche es suyo"

- Cada alumno levanta, por turnos, una tarjeta de cada montón y, a la vista de las imágenes y/o textos, debe reproducir la estructura modelo que el profesor haya facilitado al principio de la actividad, haciendo los pertinentes ajustes según el número y la persona del *propietario* y el género y el número de la *posesión*.

15 Un crucigrama

- **Nivel:** a partir de A1.
- **Objetivos:** repasar y fijar el léxico de un determinado campo semántico o tema gramatical (casa, ropa, partes del cuerpo, verbos irregulares, etc.). Además, se presentan las funciones de dar instrucciones y definir palabras o términos.
- **Material:** plantilla para elaborar el crucigrama y tarjetas con léxico. Se dan como modelos: partes del cuerpo y partes de la casa, pero el profesor puede elaborar tarjetas con palabras de otro campo léxico, según el nivel.

Desarrollo de la actividad

- Se dará a los estudiantes de siete a diez tarjetas con léxico diferente y estos, por parejas o grupos, confeccionarán un crucigrama para el otro grupo o pareja; es decir, tendrán que dar las definiciones a sus compañeros: horizontales y verticales.
- Anteriormente, el profesor habrá repasado con los estudiantes las distintas formas que tenemos para definir palabras y términos: "Sirve para...", "Objeto que sirve para...", "Es un objeto que...", "Parte del cuerpo, de la casa...".

Modelo:

- Estas podrían ser las tarjetas de un grupo o pareja:
  TARJETAS: *cabeza, cara, nariz, boca, ojos, mano, labios, orejas*.
- El grupo o pareja confeccionaría el crucigrama:

Horizontales

1. Parte superior del cuerpo.
2. Parte del cuerpo; en su interior se encuentran los dientes y la lengua.
3. Extremidad del cuerpo que va desde la muñeca a la punta de los dedos.
4. Parte del cuerpo que usamos para dar besos.

Verticales

1. Parte anterior de la cabeza, que va de la frente a la barbilla.
2. Parte del cuerpo, entre la frente y la boca, con dos orificios en su parte inferior.
3. Parte del cuerpo situada entre la frente y la nariz.
4. Parte del cuerpo situada a los lados de la cabeza.

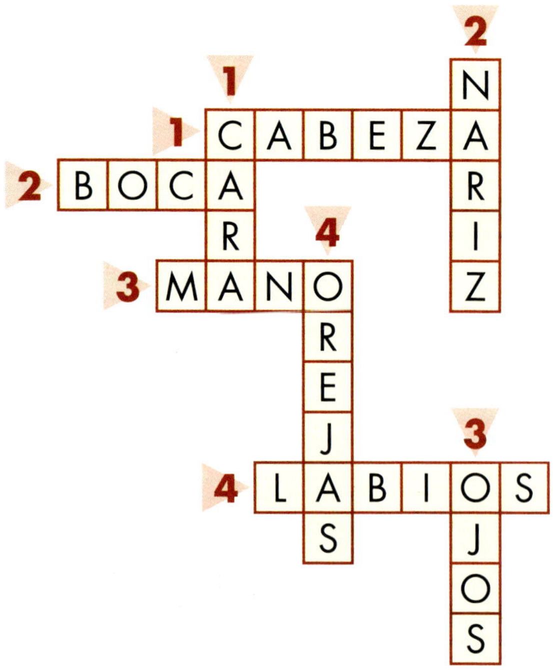

16 Algo más que palabras

- **Nivel:** a partir de A2.
- **Objetivo:** repasar y fijar algunos de los gestos que usamos acompañando –o, en algunos casos, sustituyendo– las palabras. Además, se repasan las funciones de describir, ubicar, dar órdenes, referirse a acciones habituales, expresar sensaciones y sentimientos, aconsejar y reaccionar al consejo, dar la opinión, mostrar acuerdo y desacuerdo y expresar conocimiento y grado de certeza.
- **Material:** tablero, dado y fichas.

Desarrollo de la actividad

Cada alumno tendrá una ficha que colocará en la casilla de *salida*. Después, por turnos, tirarán el dado y avanzarán el número de casillas correspondiente. Tienen que hacer lo que se les indique en la casilla en la que caigan; las hay de diferentes tipos:

A. Casillas que tienen un dibujo del gesto, por lo que el alumno tiene que decir el equivalente lingüístico (números rojos).

B. Casillas que tienen el equivalente lingüístico, por lo que el alumno tiene que hacer el gesto (números azules).

C. Casillas con instrucciones, en las que se tiene que hacer la parte gestual y la lingüística (número amarillos).

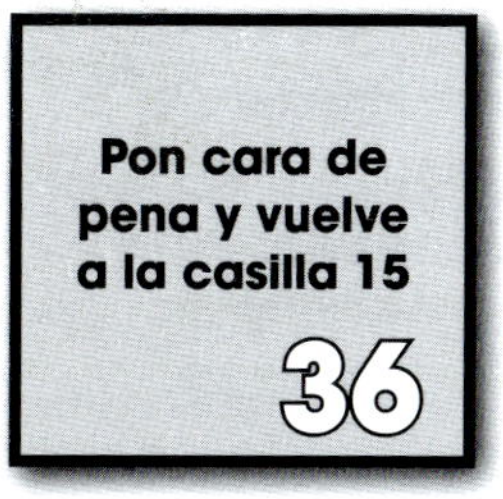

D. Una casilla negativa (color gris, 36) y una positiva (color turquesa, 15) que hacen retroceder o avanzar, respectivamente.

17 ¡El subjuntivo es un juego!

- **Nivel:** a partir de B2.
- **Objetivo:** repasar los usos del subjuntivo, en contraste con los del indicativo.
- **Material:** tablero, dado y fichas.

Desarrollo de la actividad

Cada alumno situará la ficha en la palabra *SALIDA*. Al tirar el dado y caer en una casilla, tendrá que...

1. Completar una frase que encontrará allí (casillas blancas).
   En este caso, el alumno podrá usar indicativo o subjuntivo, siempre que la frase sea correcta.

2. Transformar la frase a estilo indirecto, a imperativo negativo o usando *aunque* (casillas amarillas).
   También aquí existe la posibilidad de usar indicativo o subjuntivo en función de la casilla en la que caiga el alumno.

3. Crear una frase totalmente nueva con el verbo de esa casilla más un verbo en subjuntivo (casillas azules).
   Aquí, los alumnos tendrán que formular una frase necesariamente con subjuntivo, a pesar de que los verbos que aparecen en las casillas también puedan regir indicativo.

Después de decir la frase, los demás estudiantes decidirán si es correcta o no. El profesor da la solución. Si los alumnos tienen razón, permanecerán en la casilla en la que están. Si no, volverán a la casilla donde estaban antes. Por lo tanto, el profesor deberá tener un control de la trayectoria de cada estudiante en el tablero. Ganará el primero que llegue a la casilla 45 y conteste correctamente.

Antes de empezar el juego, se puede hacer una lluvia de palabras (nombres, adjetivos, adverbios...). Los alumnos, por turnos, van diciendo una palabra que el profesor va anotando en la pizarra (unas cuarenta palabras por diez alumnos). Después, se inicia el juego. Al llegar al momento de la creación de la frase, los alumnos deben usar obligatoriamente una de las palabras escritas en la pizarra. Esta palabra se borra, y así vamos eliminando palabras hasta que no quede ninguna.

18 Se puede o no se puede

- **Nivel:** a partir de A1.
- **Objetivo:** adquirir fluidez para expresar obligación y prohibición, pedir permiso, favores o un objeto. Repasar el vocabulario de las partes de la casa, así como de los verbos *ser*, *estar*, *tener* y *haber*.
- **Material:** un tablero de cuarenta casillas, tarjetas en blanco, fichas y un dado.

Descripción del tablero:

El tablero consta de 8 tipos de casillas:

1. Las que tienen el fondo en color amarillo presentan lugares de la casa: los alumnos hablarán de todo lo que se puede y no se puede hacer en esos lugares, cuándo pueden estar allí, etc.
2. Las casillas con el fondo azul presentan acciones: aquí discutirán sobre si se pueden o no se pueden hacer, quién las hará, con qué frecuencia...
3. Las que tienen el fondo rojo presentan personas o animales: es el momento de hablar de las personas ajenas a la casa, tales como los invitados, novios/as, etc., así como de los animales domésticos.
4. En las del fondo verde encontramos objetos personales o de la casa. Para usarlos tendrán que ponerse de acuerdo y/o establecer turnos.
5. Casillas con fondo violeta: conceptos abstractos como horario (3) y ruido (22).
6. Casillas de resumen de lo que se haya hablado hasta el momento (21 y 40).
7. Casillas de avance (14), retroceso (28) y un turno sin opinar (11).
8. Casillas de cambio de sentido del juego (20 y 33).

Desarrollo de la actividad

El profesor reparte a cada alumno una tarjeta en blanco, donde cada uno escribirá el tipo de persona que es según se indica en el ejemplo (todo parecido con la realidad es pura coincidencia). Los aspectos que no mencionen aquí deberán imaginarlos sobre la marcha, según el tipo de persona que sea.

Estáis en una casa perfecta, con una habitación para cada uno, biblioteca, piscina, jardín, pista de tenis, gimnasio, dos baños, un gran salón y una cocina enorme. El propietario ha sido tan generoso que ha dejado un ordenador, un coche y un equipo de música para todos. La calefacción es individual.

Cada estudiante tiene una ficha, que colocará en la *salida*. Por turnos, cada uno tirará el dado y avanzará el número de casillas que este indique. El alumno que tenga el turno es el que empezará a hablar del tema que le haya correspondido, exponiendo su situación. Después, el resto de personas deberá explicar la suya y deberán llegar a un acuerdo entre todos sobre ese tema. Si otro alumno vuelve a caer en la misma casilla, tendrá que inventar algo para decir que no está de acuerdo con lo que se ha hablado anteriormente y se tendrá que volver a tratar ese tema. Gana el estudiante que caiga en la casilla final y haga el resumen correctamente.

19 A vueltas con las preposiciones

- **Niveles:** de A2 a B2.
- **Objetivo:** práctica de las preposiciones que acompañan a algunos verbos de uso frecuente.
- **Material:** tablero, tarjetas, dado y fichas.

Desarrollo de la actividad

Se divide a los alumnos por equipos. Cada uno de ellos dispondrá de una ficha. Por turnos, tirarán el dado y avanzarán el número de casillas correspondiente. Deberán responder correctamente a lo que se les pida en la tarjeta correspondiente a la casilla en la que caigan; en caso contrario, otro equipo podrá optar a la respuesta, acertarla, ganar el turno y hacer retroceder al equipo anterior –o anteriores– a la casilla donde estaba antes de tirar. En el supuesto de que ningún equipo sepa la respuesta, el profesor dará la solución y ninguno de ellos retrocederá. Ganará el equipo que llegue primero a la casilla final y la resuelva correctamente.

Tipos de casillas:

Dibujos

Se debe decir la preposición o el adverbio de lugar correspondiente en relación con el objeto de la casilla (ej.: "delante del armario"). (Casillas: 1, 5, 10, 13, 17, 19, 21, 24, 27, 29, 34 y 36).

Frases temporales

Se debe decir el elemento que falta en las frases de las tarjetas correspondientes a cada casilla. Puede ser que falten dos, uno o ninguno. (Casillas: 8, 15, 23 y 31).

Verbos de régimen preposicional

Se debe decir cuál es la preposición que falta en cada uno de los ejemplos de las tarjetas correspondientes a sus casillas. Puede que no falte la preposición. (Casillas: 2, 3, 4, 7, 9, 11, 12, 14, 18, 20, 22, 25, 26, 28, 33, 35, 37 y 38).

Casillas con interrogante (¿?)

Cada grupo pensará en una pregunta relacionada con las preposiciones y se la hará al grupo que haya caído en esta casilla. (Casillas: 16 y 32).

Casilla de retroceso (30)

Casilla de avance (6)

A vueltas con las preposiciones

Respuestas

CASILLA 2: VER la televisión/**a** Juan/**con** tus propios ojos.

CASILLA 3: CAMBIAR de profesora/pesos **por** euros.

CASILLA 4: PENSAR en tu novio/a.

CASILLA 7: ESTUDIAR en la escuela/**por** cuatro años (Hispanoamérica)/ (**durante**) cuatro años (España).

CASILLA 8: TE VEO el martes/**en** enero/el año que viene/**en** 2008.

CASILLA 9: BEBER un vaso de agua/**con** tus amigos/**hasta** la saciedad.

CASILLA 11: HABLAR a, **de**, **sobre**, **con** Juan.

CASILLA 12: CONFIAR en Pedro/**en** el futuro.

CASILLA 14: PARTICIPAR en todas las competiciones.

CASILLA 15: NO TE VEO... desde el martes/**desde hace** un mes/**desde** el año pasado/ **desde hace** un año.

CASILLA 18: LLEGAR a la nueva escuela/**de** España.

CASILLA 20: DARSE CUENTA de la situación.

CASILLA 22: SALIR de casa/**por** la ventana/**a**, **para** cenar.

CASILLA 23: VOLVERÉ el día 15/**para** el día 15/**por** el día 15.

CASILLA 25: QUEDARSE en casa/**sin** salir/**con** todo el dinero.

CASILLA 26: QUEDAR con Pepe/**en** la puerta del cine/**a** las 17:00.

CASILLA 28: RECORDAR los mejores momentos de tu vida/**a** Laura.

CASILLA 31: ¡**Hasta** mañana!

CASILLA 33: ACORDARSE de la cita/**de** Pedro.

CASILLA 35: SER de Italia.

CASILLA 37: ESTAR estudiando/**de** vacaciones/**en** casa/**para** salir/**por** el centro/**con** María/ **sin** dinero/**sin** blanca/**hasta** las narices/**a** las duras y **a** las maduras.

CASILLA 38: IR andando/**a** pie/**a** caballo/**en** coche/**con** Inés/**a** casa/**hacia** casa/**para** casa/ **hasta** casa/**desde** casa/**por** el parque.

20 De oca a oca, los sonidos tocan

- **Nivel:** a partir de A2. Se recomienda que los alumnos hayan practicado en clase ejercicios de fonética.
- **Objetivo:** repasar los sonidos vocálicos y consonánticos que componen el sistema fonológico del español. Está dirigido a estudiantes de E/LE de cualquier nacionalidad.
- **Material:**
  - Tablero, dado y fichas.
  - Las adivinanzas:
    - Para la casilla 2, la respuesta es el sol.
    - Para la casilla 17, tenemos la abeja.
    - Para la casilla 21, la respuesta es el río.
    - Para la casilla 27, tenemos el té.

Desarrollo de la actividad

Inicia el juego el alumno que, al tirar el dado, saque mayor puntuación. Posteriormente, cada alumno, por turnos, tirará el dado y, según la casilla, deberá:

A. pensar palabras que contengan un determinado sonido (color violeta);

B. pronunciar las palabras de la casilla correspondiente (color verde);

C. leer las adivinanzas para que otros compañeros las averigüen (color naranja);

D. leer trabalenguas y poemas (color azul);

E. averiguar cuál es su pronunciación (color marrón).

También se incluyen las casillas de avance (color amarillo claro), y de retroceso o de descanso (color rojo).

Nota: El profesor debe explicar que el sonido [χ] equivale a las grafías <j>, <g>.

21 Va de números

- **Nivel:** a partir de B2. La actividad puede adaptarse a otros niveles cambiando las frases de la lista que se adjunta, así como las cifras que aparecen en los cartones del bingo, por otras propias del nivel que los alumnos posean, de forma que el grado de dificultad sea el adecuado.
- **Objetivos:** reconocer auditivamente distintas expresiones y modismos en los que aparecen números o términos numéricos (ordinales, fraccionarios, potencias) e identificar el enunciado verbal con su transcripción.
- **Material:**
  - Cartones de bingo.

Desarrollo de la actividad

El profesor lee una a una las frases del repertorio hasta el final o hasta que uno de los alumnos cante bingo. Simultáneamente a la lectura del profesor, los estudiantes irán marcando en sus cartones todos aquellos números o expresiones que crean que el profesor ha enunciado. Así, si el profesor dice: "¿Jugamos a las siete y media?", el alumno marcará la casilla donde aparece "7,5". Cuando algún estudiante haya marcado todas las casillas del tablero, cantará bingo y se procederá a comprobar que el bingo es correcto. Esto dará pie a repasar, ampliar o explicar las expresiones utilizadas.

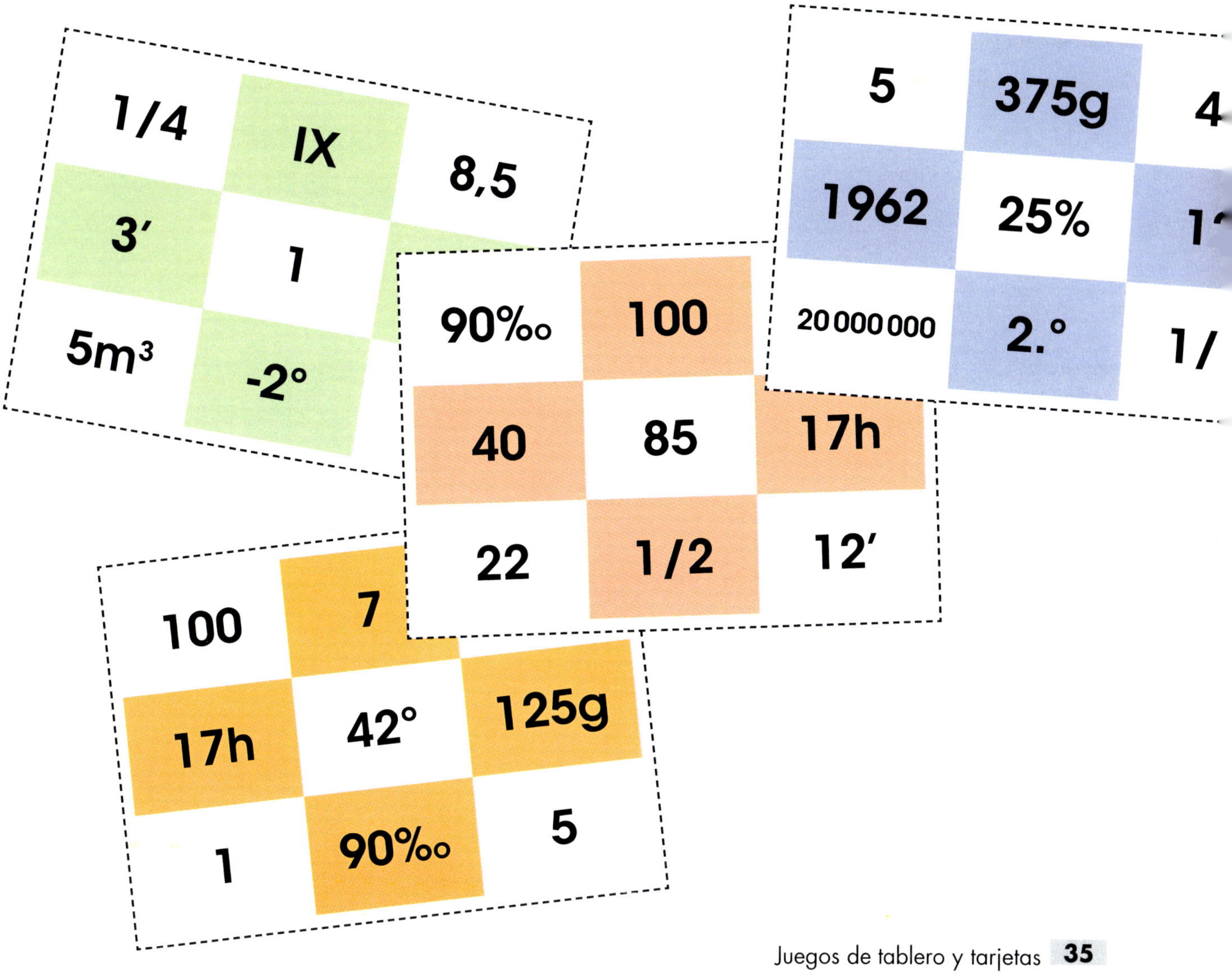

- Ponme tres cuartos de arroz.
- Me compré el coche en el ochenta y cinco.
- Tardo treinta y cinco minutos en hacer la composición.
- Deme cuarto y mitad.
- Me debe doce con sesenta y seis.
- Están dando las seis.
- *No tiene ni media bofetada.*
- El noventa por mil de la población no tenía estudios elementales.
- Un tercio de cerveza, por favor.
- Cómo me gustaría encontrar *a mi media naranja.*
- Póngame mitad de cuarto.
- ¿Jugamos a las siete y media?
- El segundo llegó a tres minutos.
- Tengo el as de copas.
- La hora taurina es las cinco de la tarde.
- Póngame un cuarto de caramelos.
- Nací en el sesenta y dos.
- Mi abuelo es nonagenario.
- *No tenía diez palmos de alto.*
- Pío nono fue Papa.
- El veinticinco por ciento de los alumnos ha salido de excursión.
- Haz la cuenta: treinta entre dos.
- Llegó con *un palmo de lengua fuera.*
- Le han tocado veinte *kilos* en la lotería.
- Este otoño hemos consumido cinco metros cúbicos de gas.
- Llevo *la niña bonita.*
- En la fiesta *había ciento y la madre.*
- En agosto se alcanzaron los cuarenta y dos grados a la sombra.
- *Está más solo que la una.*
- Me comí tres octavos de tarta.
- En los ciegos han salido *los dos patitos.*
- La temperatura es de dos grados bajo cero.
- *Cada dos por tres* me llama y me cuenta tonterías.
- Ha suspendido otra vez, pero a él *le da lo mismo ocho que ochenta.*
- Me han puesto un ocho y medio en el examen.
- *Le escribiré cuatro letras* para decírselo.
- Va a salir una oferta del dos por tres.
- Mi piso mide setenta metros cuadrados.
- *No tengo ni cinco.*
- *Llevas un siete* en la camisa.
- Está a doce minutos del ganador.
- *Es más chulo que un ocho.*
- *Está siempre a la cuarta pregunta.*
- Ha llegado tarde y *le han cantado las cuarenta.*
- El bebé es sietemesino.
- Llenaron la calle de octavillas.
- Estas situaciones *me ponen a cien.*
- ¿Cuánto es dieciocho a la quinta?
- Vivía en el vigesimocuarto piso.
- El problema nos dio diez elevado a la enésima potencia.

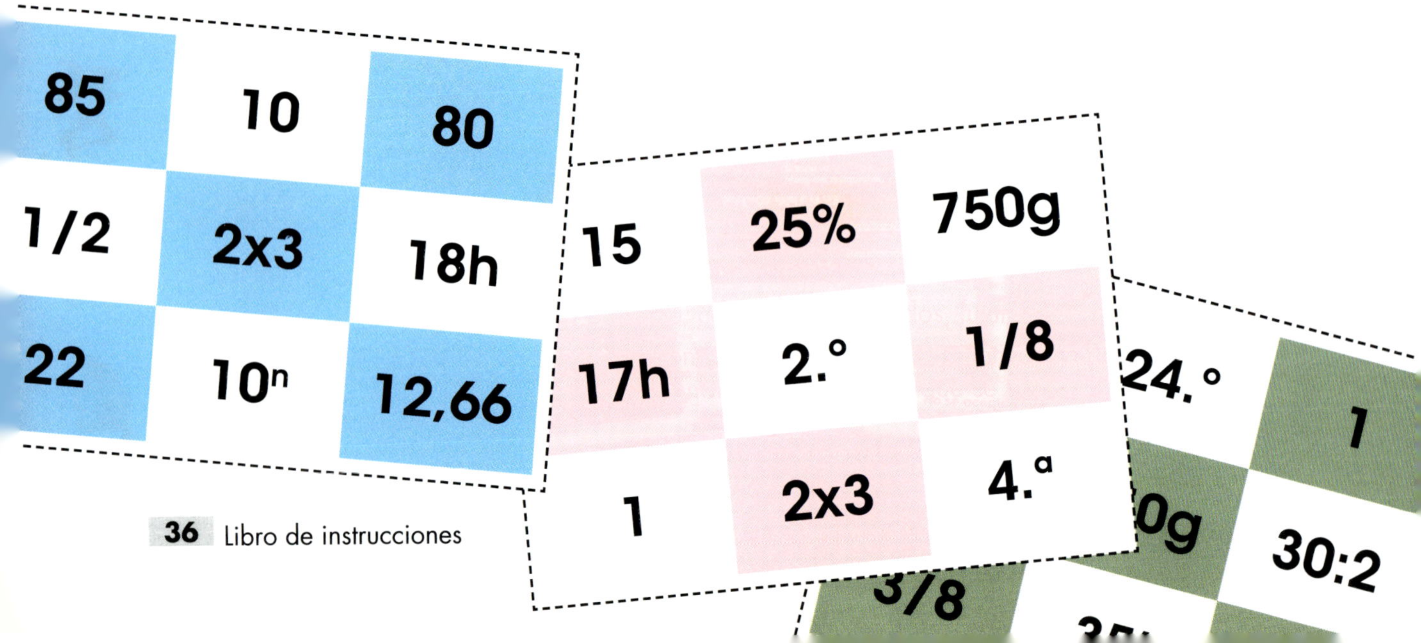

22 Qué hay y dónde está

- **Niveles:** de A1 a B1.
- **Objetivo:** consolidar el uso de los verbos *haber* y *estar*, además de las preposiciones, locuciones preposicionales y otras fórmulas que expresan ubicación. También se repasa el léxico referente a la casa.
- **Material:** tableros y muebles recortados.

Desarrollo de la actividad

Se divide a los estudiantes por parejas (alumno 1, alumno 2). Al 1 se le da uno de los tableros de la habitación amueblada (A); al 2 se le da la misma habitación vacía (B) junto con todos los muebles recortados (tanto los de la habitación como los del salón).

El alumno 2 deberá amueblar la habitación como la del alumno 1. Ninguno de los dos alumnos podrá mirar el tablero del otro. El alumno 2 tendrá que hacer preguntas a 1. Ejemplos:

- "Qué hay en la habitación?". Según la respuesta de 1, 2 irá anotando en un papel en blanco los muebles que necesita.
- "¿Dónde está/n...?". Según las indicaciones de 1, 2 irá seleccionando los muebles y colocándolos en la posición correcta.

Tras la colocación de todos los muebles, los dos estudiantes comprobarán que las habitaciones son iguales.

Después se repetirá la actividad con las otras dos plantillas, las del salón (C y D), con los papeles de los alumnos invertidos.

23 Hablemos de...

- **Nivel:** a partir de A1.
- **Objetivo:** repasar y ampliar el vocabulario relacionado con el tiempo, la descripción física y de carácter, los transportes, la ciudad, la comida, la ropa, el ocio y el tiempo libre... En cuanto a la gramática, practicar la estructura de los comparativos, así como el uso de los verbos *ser*, *estar*, *haber* y *tener*.
- **Material:** tarjetas con dibujos y tarjetas en blanco.

Desarrollo de la actividad

Se colocan las tarjetas boca abajo, de forma que nadie pueda verlas. Se divide a los alumnos por grupos –mejor cuanto más heterogéneos–. Una persona elige una tarjeta y, sin mirarla, se la entrega al profesor. Este la descubre y, a partir de ese momento, cada grupo piensa en todo lo relacionado con ese tema (aspectos positivos y negativos) y toma notas. Muchas de las ideas surgirán a partir de las diferencias interculturales entre España y sus países. Se pueden dejar 5 o 10 minutos. Transcurrido este tiempo, se comenta todo lo anotado, por turnos. Ganará el grupo que, al final del juego, haya aportado más ideas.

- **Observaciones:** la actividad es mucho más rentable si se realiza entre estudiantes que viven, han vivido o han estado en España. De no ser así, muchas de las cuestiones se desconocerán, ya que no ha habido observación directa de la realidad. Se pueden suprimir algunas o añadir otras a partir de las tarjetas en blanco.
- **Sobre las tarjetas. Algunas ideas para el profesor:**

  En cada uno de los temas se puede hablar de las diferencias entre España y los países de los alumnos. Además:

  - **Los transportes.** Hablar de los diferentes tipos de transportes, precio del billete y dónde se compra, las bicicletas, las motos, el transporte público, el tráfico...
  - **La ciudad.** Servicios (seguridad, enseñanza, correos, farmacias, parques, gimnasios, piscinas...), zonas, calles, bares..., contaminación, infraestructuras y nivel de vida...
  - **La vivienda.** Tamaño y distribución, precio, vivir con los padres, campus universitario...
  - **Las personas.** Descripción física y de carácter, grupos y niveles sociales, los jóvenes y los ancianos, las familias y las relaciones entre sus componentes...
  - **Los gestos y los sonidos (paralenguaje).** Descripción de los gestos y sonidos que hayan observado.
  - **La comida.** Alimentos típicos españoles, platos típicos e ingredientes (se puede explicar la receta de algún plato típico), hacer la compra...
  - **Los horarios.** Del trabajo, de la escuela, de las comidas, de salir por la noche, de la programación...
  - **Ocio y tiempo libre.** Los libros, el cine, el teatro, otros espectáculos..., salir de marcha, de copas, de tapas..., música y conciertos...
  - **Los medios de comunicación.** Los periódicos (tipos e ideología, formato...), la radio (tipos de programas), la televisión (tipos de programas, el telediario y las imágenes, las películas dobladas, la publicidad...).
  - **El tiempo.** Hablar de las condiciones climáticas y de las diferencias entre las estaciones, tanto en España como en sus respectivos países...
  - **Ropa y complementos.** Forma de vestir, cambiarse de ropa, arreglarse para salir, para ir al trabajo... ir de compras, rebajas...
  - **Lugares.** Qué ciudades conoces de España y qué se puede ver allí. Si estás estudiando en alguna ciudad de España: qué conoces de ella...

24 Te escucho

- **Nivel:** a partir de B1.
- **Objetivos:** consolidar el uso de las oraciones sustantivas, seguidas de infinitivo, indicativo o subjuntivo (verbos de influencia, de sentimiento, de opinión, de percepción física y sensorial, y de lengua y expresión). Repaso de imperativo afirmativo y negativo, presente y condicional. Expresar acuerdo y desacuerdo. Pedir o ceder el turno de palabra.
- **Material:** tablero, dado y fichas.

El tablero: se compone de treinta y seis casillas de diferentes tipos:

1. **Influencia**, en las que el alumno tiene que dar consejos al problema que se le plantea. **Estructuras:** presente, imperativo afirmativo y negativo, *tendrías que/deberías* + infinitivo, *yo que tú/yo en tu lugar/yo* + condicional, *te aconsejo/recomiendo que* + subjuntivo, *es mejor que* + subjuntivo.

2. **Sentimiento**, en las que se puede hablar de cosas que gustan, encantan, apasionan, enfadan, molestan, fastidian... de uno mismo, de los demás, de lugares, de acciones... según lo que se indique en cada casilla. **Estructuras**: *me molesta* + infinitivo, *me molesta que* + subjuntivo...

3. **Opinión**, en las que se da la opinión del tema que se indique o se expresa acuerdo o desacuerdo con lo que allí aparezca. **Estructuras:** *creo/admito/pienso... que* + infinitivo, *no creo/admito/pienso... que* + subjuntivo; *estoy de acuerdo con (lo de)* + infinitivo, *no estoy de acuerdo con (lo de)* + infinitivo...

4. **Casillas en las que solo aparecen símbolos**, de modo que el estudiante decide el tema sobre el que quiere hablar. Si, al continuar con el juego, se cae en alguna casilla en la que aparece un tema que se ha tratado ya, el alumno tiene, de nuevo, la libertad de elección del tema.
   - Otros símbolos que pueden aparecer junto a los símbolos anteriores, sobre todo al caer en las casillas del opinión:
     - Lengua y expresión, en las que se practican los verbos como *decir, afirmar, negar, añadir...* seguidos de indicativo o de subjuntivo.

     - Percepción física y sensorial, en las que se trabajan los verbos como *ver, oír, escuchar, notar, darse cuenta, sentir...* seguidos de indicativo o subjuntivo.

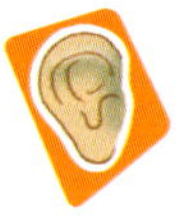

     - i: todos participan.
5. **Casillas azules:** "tira otra vez" (10, 20 y 30), "pierdes el turno" (15, 24 y 32), avance (8) y retroceso (35).

Desarrollo de la actividad

Se puede dividir a los alumnos en grupos, o bien hacer que cada uno participe de forma individual. Por turnos, los estudiantes tirarán el dado, avanzarán el número de casillas que este indique y, una vez se hayan detenido, deberán responder correctamente a lo que se les pida. Si, además, aparece el **símbolo de interacción** i, tendrán que intervenir todos. Ganará el alumno o el grupo que llegue a la casilla final y resuelva las diferentes cuestiones que allí le planteen los demás. Por ejemplo, cada alumno puede proponer un tema al estudiante que llegue a esta casilla. A partir de dicho tema, el estudiante expresará su opinión, sus gustos, etc.

25 ¿Es correcto?

- **Nivel:** a partir de A1.
- **Objetivo:** consolidar diversos aspectos gramaticales, según la elección del profesor. Con el modelo que aquí proponemos, se trabajan: preposiciones, artículos, concordancia, orden de los elementos de una frase, léxico, deletreo, *ser/estar*, tiempos verbales e indicativo/subjuntivo.
- **Material:** tablero, dado, fichas, lápiz y papel.

Descripción del tablero:

El tablero es mudo y se compone de cuarenta y dos casillas, de nueve colores diferentes. Cada color se corresponde con un aspecto de la lengua; por ejemplo: **azul**-preposiciones, **amarillo**-artículos, **rosa**-indicativo/subjuntivo (a partir del nivel B1), etc. Aquí damos una propuesta, pero será el profesor quién decida los temas según el nivel y las necesidades de los estudiantes. La casilla final, la 42, tiene los nueve colores, por lo tanto se tratarán todos los temas al llegar a ella.

Desarrollo de la actividad

Se divide a los estudiantes en grupos. Por turnos, tiran el dado y avanzan el número de casillas correspondiente. Todos participan en cada tirada, aunque no sea su turno. La casilla en la que hayan caído se corresponderá con un aspecto gramatical determinado. Cada grupo escribirá frases que contengan este apartado (se puede poner un límite de tiempo o de cantidad). Al terminar, se intercambiarán las frases entre los equipos, de modo que cada uno lea todas las que se hayan escrito. En un papel aparte, y sin escribir sobre las hojas que les vayan llegando, tomarán notas sobre los errores que crean encontrar. Tras la lectura de las frases y de las notas pertinentes, se hará el recuento de puntos: un punto por cada frase escrita correctamente en el propio grupo, medio punto por cada error encontrado en los otros equipos. El juego se termina cuando alguno de los equipos llegue a la casilla 42. En esta última casilla, los alumnos tienen que escribir una frase para cada aspecto gramatical del juego. Ganará el equipo que más puntos obtenga en el recuento final.

Algunas ideas para trabajar en cada casilla:

- **Azul - preposiciones:** el profesor puede dar una preposición, o bien dos, con las que haya problemas (*por/para, a/en...*).
- **Amarillo - artículos:** se puede trabajar masculino/femenino, presencia/ausencia, *lo...*
- **Verde - concordancia:** puede ser un ejercicio libre o guiado (si se dan palabras que tienen que concordar con algún adjetivo, por ejemplo). Si es guiado, se pueden trabajar problemas de los estudiantes.
- **Rojo - orden de los elementos de una frase:** escribir frases sobre un tema propuesto.
- **Naranja - léxico:** escribir frases con palabras de un campo semántico propuesto, frases hechas, etc.
- **Gris - deletreo:** aquí el profesor puede leer palabras mal escritas, recogidas de los ejercicios de los alumnos, o bien, dictar otras de difícil escritura para que los alumnos las escriban.
- **Violeta - *ser/estar*:** hay tres casillas de este color; una para *ser*, otra para *estar* y otra para trabajar *ser* y *estar* en contraste. Otra opción es trabajar *ser* y *estar* + adjetivos con cambio de significado a partir del nivel B1.
- **Marrón - tiempos verbales:** presente, contraste de pasados, futuro, condicional, imperativo...
- **Rosa - indicativo/subjuntivo:** oraciones independientes, sustantivas, temporales, finales, concesivas, consecutivas, causales, condicionales... En caso de que se trabaje con niveles bajos, se pensará en otra alternativa.

26 Cuéntame...

- **Nivel:** a partir de A2.
- **Objetivo:** trabajar los presentes y la frecuencia, los pasados y su contraste. Hablar de gustos. Comparativos.
- **Material:** dado y tarjetas.

Descripción de las tarjetas:

Tenemos treinta y dos tarjetas de cuatro tipos diferentes, cada uno de un color. En una de las caras aparece el número de la categoría y la pregunta modelo:

1. "¿Cada cuánto...?", tarjetas de color amarillo.
2. "¿Cuándo fue la primera vez que...?", tarjetas de color verde.
3. "¿Qué prefieres...?", tarjetas de color azul.
4. "Uno/a de los/las mejores...", tarjetas de color rojo.

En la otra cara aparece el resto de la frase.

Desarrollo de la actividad

Antes de empezar la actividad, se les da a los alumnos unos minutos de tiempo (5-10) para que escriban preguntas que quieran hacer a los demás. Son preguntas libres pero relacionadas con ellos mismos (experiencias en el pasado, hábitos en el presente, gustos, preferencias, etc.). En el centro de la mesa, o en el suelo, se colocan los cuatro montones de tarjetas (1, 2, 3 y 4) boca abajo. Por turnos, cada alumno tira el dado y, según el número que le salga, cogerá una tarjeta del montón correspondiente. Si salen los números 5 o 6:

5: Tú preguntas a todos.

6: Todos te preguntan.

El estudiante deberá dar la máxima información en relación con su tarjeta, así como responder a las preguntas que sus compañeros le puedan hacer a partir de lo que haya dicho.

Al terminarse las tarjetas, o unos minutos antes de terminar la clase, pueden hacer, entre ellos, un resumen de todo lo que saben de cada persona del grupo.

Si son muchos alumnos, se pueden hacer dos grupos (tres, cuatro...), de modo que cada uno de ellos tenga su montón de tarjetas, con su dado correspondiente. La actividad se desarrollaría del mismo modo y, en el resumen final, se intercambiaría la información entre los grupos.

Hay algunas tarjetas en blanco –de cada uno de los grupos– para que el profesor pueda añadir otras preguntas útiles.

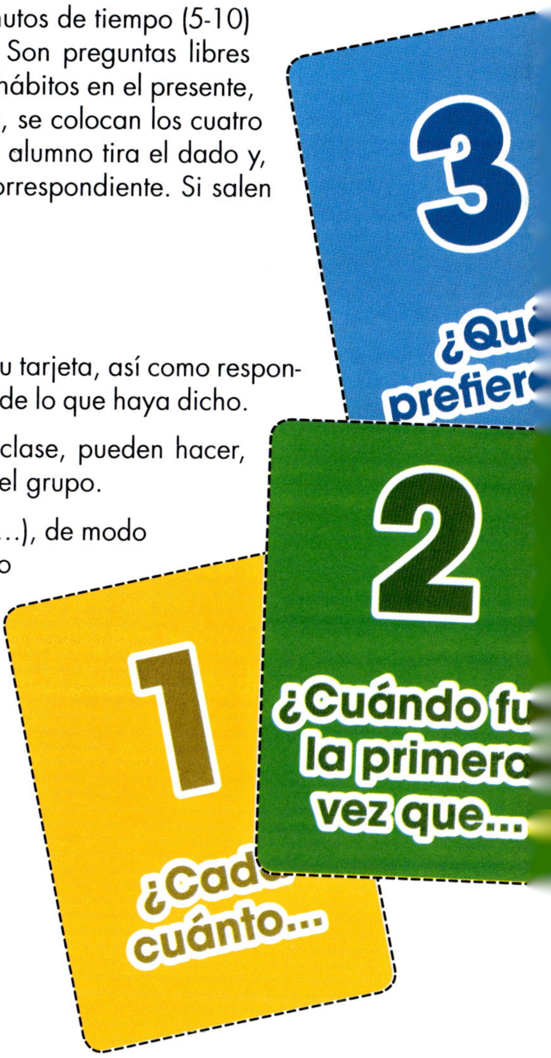

27 Al teléfono

- **Nivel:** a partir de A2.
- **Objetivos:** dar y obtener información por teléfono, negociar precios, comparar, contar lo que han dicho otros. Diferencias *ser/estar/tener/haber*, preposiciones y adverbios de lugar, estilo indirecto.
- **Material:** tarjetas (verdes y naranjas) y teléfonos.

Desarrollo de la actividad

Se divide a los estudiantes en dos grandes grupos, A y B: A será el que dé la información y B el que la pida. Se hace una nueva división en parejas, de modo que cada una de ellas esté formada por un componente de A y otro de B. Los componentes de cada pareja tienen que colocarse de forma que no puedan verse, espalda con espalda, y a cada alumno se le proporcionan seis tarjetas. Si forman parte de A, serán de color verde; si, por el contrario, son de B, serán naranjas. En cada tarjeta (verde o naranja) hay un número, que se corresponde con el orden de la llamada, además de las instrucciones que hay que seguir en cada una de las conversaciones telefónicas.

Tras la primera llamada, los estudiantes de B se cambian de sitio (pueden ir rotando en el sentido de las agujas del reloj) y hacen la segunda. Los de A se quedan donde estaban. Después de la segunda llamada, los alumnos de B se vuelven a cambiar de sitio y hacen la tercera. Así sucesivamente. Al finalizar todas las llamadas, cada uno de los componentes de A habrá hablado con cada uno de los de B. En las llamadas 1, 3, 4 y 5 los componentes de B tomarán nota de los datos obtenidos de A. En las 2 y 6, los miembros de A anotarán la información que da B.

Al finalizar todas las llamadas, el grupo B habla de cada uno de los temas propuestos en las tarjetas: apartamento, escuela y hotel (características, precio, ubicación, horarios, etc., estableciendo comparaciones). El grupo A explicará la información obtenida en las llamadas personales (2 y 6).

Observaciones:

- La actividad se ha pensado para doce estudiantes. En el caso de que hubiera menos (número par), pueden suprimirse tarjetas. Por ejemplo, si hay diez estudiantes, se entregarán 5 tarjetas a cada alumno (5 llamadas); si hay ocho, 4 a cada uno (4 llamadas), y así sucesivamente. Si hubiera más de doce (número par), pueden añadirse otras, de modo que se repartan siete tarjetas a cada uno (si son 14), ocho (si son 16), etc.

- Para conseguir más realismo en la situación, se puede proporcionar un teléfono recortable a cada alumno.

28 ¿Te atreverías?

- **Nivel:** a partir de B2.
- **Objetivos:** fijación y uso del pretérito imperfecto de subjuntivo y del condicional en frases condicionales. Expresar condición. (Es imprescindible que los estudiantes estén familiarizados con la forma, ya que se trata de una actividad de refuerzo o repaso).
- **Material:** tablero con veintiocho casillas, dado y fichas.

Desarrollo de la actividad

Por turnos, cada alumno tirará el dado y avanzará por el tablero. Al caer en la casilla correspondiente, el estudiante que esté jugando deberá completar la frase, poniéndose en la situación que allí se indica. El resto de los alumnos podrá intervenir con otras preguntas derivadas de la afirmación que haya hecho el estudiante que está jugando.

Por ejemplo:

Alumno 1: "Dejaría de hablar a mi mejor amigo si me quitara a mi novia".

Alumno 2: "Y si tú se la quitaras a él, ¿qué pasaría?".

Alumno 1: "Bueno, entonces sí le hablaría, pero quizás él no me hablaría a mí...".

En caso de no responder, el alumno que esté jugando retrocederá a la casilla donde estaba antes de tirar el dado. Ganará el primero que llegue a la casilla final y responda a las preguntas que le harán el resto de sus compañeros, siguiendo el modelo: "¿Qué harías si...?".

29 Tres hoteles

- **Nivel:** a partir de A2.
- **Objetivos:** pedir, dar y comparar información. Trabajar el vocabulario de hostelería y alojamientos.
- **Material:** tablero y fichas recortables.

Desarrollo de la actividad

Se divide la clase en cuatro grupos de turistas (de entre dos y cuatro componentes, en función de la tarjeta asignada a cada uno) y en tres recepcionistas (uno por cada hotel). Los diferentes miembros de cada grupo tendrán que ir de hotel en hotel haciendo preguntas para recabar los datos que les interesen sobre las condiciones del alojamiento y, al mismo tiempo, rellenar las fichas correspondientes. Una vez que han conseguido información de todos los hoteles, deberán comparar los datos recogidos y decidir cuál es el hotel más apropiado para ellos. Los servicios de los que disponen los hoteles aparecen coloreados, mientras que los que aparecen en gris son aquellos de los que no disponen.

Al final, se hace una puesta en común donde se comenta la decisión adoptada en cada grupo a la hora de elegir un hotel y cuáles han sido los motivos que les han llevado a decidirse.

Mientras los turistas comparan sus datos y se deciden por un hotel, los recepcionistas deberán prestar atención y confirmar que la información obtenida es correcta, así como decidir si cada grupo ha tomado la decisión más adecuada y por qué.

30 Hoy nos vamos de compras

- **Niveles:** de A2 a B2.
- **Objetivos:**
  - Repasar el léxico referente a la descripción de la ropa y los nombres de prendas y complementos.
  - Ir de compras: pedir y dar consejos, exponer un objetivo claro mediante la descripción de una prenda de vestir u objeto, preguntar el precio y pagar.
- **Material:** por un lado, tarjetas para el cliente (de color rojo, A y B), el acompañante (de color verde, C) y el dependiente (de color amarillo, D y E). Por otro, tarjetas con dinero y tarjeta de crédito, tarjetas de productos recortables, y tarjetas con tipología de tiendas.

Desarrollo de la actividad

A. Se agrupa a los alumnos de tres en tres. A cada alumno le tocará ser cliente, acompañante o dependiente, en función del color de su tarjeta. Si no hay alumnos suficientes, se puede optar por darle a cada cliente todas las tarjetas rojas A, o bien se puede eliminar el papel del acompañante y darle sus tarjetas al dependiente.

B. Cada cliente tendrá dos tarjetas rojas (A y B). En la A se le da el objetivo de su compra y en la B, una lista de frases de apoyo para el diálogo.

Los acompañantes tendrán una tarjeta de color verde (C) con una lista de frases de apoyo para el diálogo.

Por último, los dependientes tendrán dos tarjetas (D y E). En la D se menciona la tipología de la tienda y se les advierte de los productos que no quedan o de los descuentos, y en la E, se les da una lista de frases de apoyo para el diálogo.

C. Se repartirá el material de las tarjetas recortables: para los clientes y acompañantes, el dinero y tarjeta de crédito, y para los dependientes, la tipología de tienda y los diferentes productos que tendrán que exponer a la vista de los clientes.

D. Se pone en marcha la actividad: los clientes irán a las tiendas para comprar lo que necesitan siguiendo las indicaciones que aparecen en la tarjeta roja A. Deberán preguntar por lo que necesitan aunque no lo vean en la exposición. El cliente describirá la prenda y el dependiente le irá preguntando las características. Por ejemplo:

"¿Camisa de manga larga o corta?".

Además, le ofrecerá otras opciones, teniendo en cuenta los productos de que dispone y valiéndose de la tarjeta amarilla:

"No me quedan pantalones grises de rayas, pero tengo estos lisos que tienen un descuento del 15%".

E. Cada alumno tendrá que acordarse de lo que ha hecho en cada situación. Los vendedores anotarán los precios de todo lo que venden. Luego, explicarán al grupo el éxito de sus ventas. Los clientes mostrarán sus compras y dirán lo que les ha costado.

Una vez hecho esto, se pueden intercambiar los papeles y empezar de nuevo.

Juego 1 Palabras, palabras, palabras...

- **1** — SEIS palabras de la familia
- **2** — CINCO actividades que haces un día normal
- **3** — SIETE colores
- **4** — CINCO muebles del salón
- TR… cosas… de E…
- Retroce… la casil…
- **18** — CINCO sensaciones físicas
- **19** — ?
- **20** — SEIS adjetivos de estado de ánimo
- **21** — SIETE lugares donde puedes pasar tu tiempo libre
- **22** — CINCO monumentos que puedes ver en esta ciudad
- **23** — SEIS tareas domésticas
- **24** — DIEZ palabras de comidas
- **25** — CINCO actividades que haces en vacaciones
- **26** — CINCO cosas que necesitas para irte de viaje
- **27**

- OPUES… abi… lim… vivo/a… abu…
- **37**

- **38**

- **39** — COMPARATIVOS: bueno/a, malo/a, grande, pequeño/a
- **40** — ?
- **41** — ñ
- palabras, palabras, palabras...

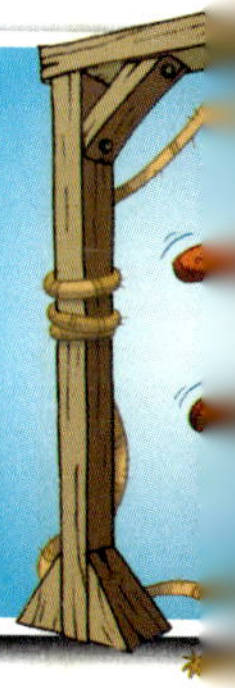

Niveles: A1 y A2.

palabras palabras palabras palabras palabras palabras palabras

ES típicas spaña 5

SEIS adjetivos de descripción física 6

? 7

8

CUATRO electrodomésticos 9

Avanza a la casilla 15 10

OCHO profesiones 11

SIETE prendas de ropa 12

SEIS objetos de la clase 13

14

24-03-1972 15

CINCO personajes famosos y su nacionalidad ¡No vale repetir! 16

17

de a a 16 28

29

? 30

OPUESTOS de: comprar, buscar, ir, gustar, hablar 31

CINCO adjetivos de formas y/o tamaño 32

CINCO partes del cuerpo 33

SEIS adjetivos de carácter 34

CINCO lugares públicos 35

TOS de: erto/a, oio/a, nuevo/a, rrido/a. 36

Juego 3 Casa de vecinos

Nivel: a partir de A1.

Casa de vecinos

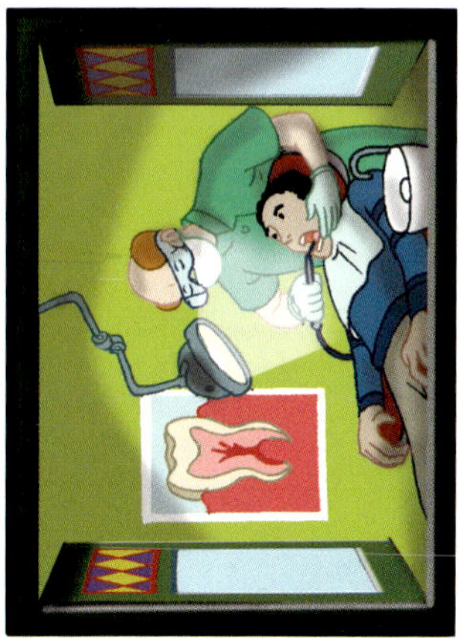

SALA DE SPINNING

UVAS 4.
MANZANA 3. Kg.

DOG

ZOO
ENTRADA
1
2
3
4
5
6
7
8
9
10
11
12
13
14
15
16
18
19
20

Nivel: a partir de B2.

Juego 6 ¿Qué sabes de...?

28
PASAPORTE
29
Bla, bla, bla...
30
31
32
33
¿Qué nombre de animal tiene las cinco vocales?
34
35
36
Bla, bla, bla...
37
38
PASAPORTE
39
40
Bla, bla, bla...
41
¿Qué hay en el centro de Sevilla?
42
43
44
45
PASAPORTE
46
47
¿Cuántas lenguas oficiales se hablan en España? ¿Cuáles?
A B C D E F G
48
49
Bla, bla, bla...
50
PASAPORTE
META

Un paseo por el pasado

Nivel: a partir de A2.

De andar por casa

Nivel: a partir de A2.

De andar por casa

Nivel: a partir de A2.

Juego 8 De andar por casa

Nivel: a partir de A2.

Juego 8 De andar por casa

Nivel: a partir de A2.

Juego 9 Trivial del español

Nivel: a partir de B2.

Juego 10 En la ciudad

Nivel: a partir de A1.

Juego 16 Algo más que palabras

SALIDA

- **1** Aquí
- **2** Da una orden a un compañero
- **3** Tienes calor
- **4** Di una acción habitual
- N

- **24** ¿Qué piensas de la comida española? Tus compañeros reaccionarán
- **25** Describe a un compañero
- **26** Expresa tus sentimientos

- **27** Luego te cuento...
- Describ lug

- **23**

- **40** Di una acción habitual
- **LLEGADA**

- **22** Un compañero va a explicarte un problema. Dale un consejo
- **39** Haz una sugerencia a un compañero para el fin de semana
- **38**

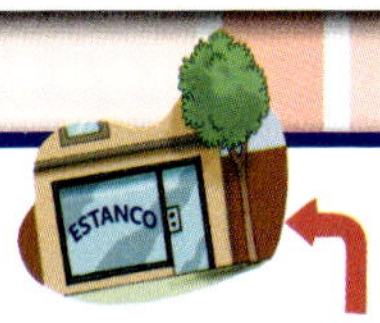

¿Cómo puedo llegar al estanco?

- **37** Describe a esta persona

- Pon penc a la

- **21** Más o menos
- **20** ¿Cómo te sientes después de comer esto?

- **19** ¿Dónde está la silla?

- **18** Da una orden distinta de la de la casilla 2 a un compañero
- Tiene

Nivel: a partir de A2.

… sé
5
6
Tu compañero te va a pedir que hagas un gesto
7
¿Cómo puedo llegar a la farmacia?
8
Cállate
9
¿Qué piensas sobre los toros? Tus compañeros reaccionarán
10
¿Dónde está la papelera?
11
Describe este objeto
12
Tengo un montón de libros
13
Describe a esta persona
14
Pon cara de alegría y pasa a la casilla 22
15
Beber
16
… sueño
17
… e este … ar
28
¿Dónde está la casa?
29
Haz un gesto. Tus compañeros dirán qué significa
30
31
Tu compañero te va a pedir que hagas un gesto
32
Expresa tus sentimientos
33
34
Reacciona: El problema del paro se solucionará pronto. ¿Qué piensas? ¿Y tus compañeros?
35
… cara de … y vuelve … casilla 15
36

Juego 17 ¡El subjuntivo es un juego!

19 ES DUDOSO QUE...	18 "LIMPIA TODA LA CASA". MI MADRE ME DIJO QUE...	17 TAL VEZ...	16 NOTO QUE...
20 QUIZÁS...	37 "¡HAZ LOS DEBERES!". DIJO QUE...	36 QUE...	35 NO ME GUSTA QUE...
21 QUIERO QUE...	38 ¿QUÉ HARÍAS SI...?	39 Molestar (+VERBO EN SUBJUNTIVO)	40 NO VEO QUE...

22 "¡ESCRÍBEME PRONTO!". NO...

TUS COMPAÑEROS VAN A HACERTE PREGUNTAS SOBRE EL SUBJUNTIVO. SI FALLAS, VUELVE A LA CASILLA 30.

45

23 QUE...	24 ME GUSTARÍA QUE...	25 A LO MEJOR...	26 NO SOPORTABA QUE...

SALIDA

1 PARECE QUE...	2 ES SEGURO QUE...	3 TRABAJARÉ PARA QUE...

HABLARÍA MÁS SI...
5

Suponner
(+VERBO EN SUBJUNTIVO)
14

¡OJALÁ...!
13

"¡LÁVATE CON JABÓN!". NO...
12

"¿CUÁNDO VOLVERÁS A TU PAÍS?". EN CUANTO...
4

COMO...
33

POSIBLEMENTE...
32

SI NO HUBIERAS COMIDO TANTO...
11

SI VIENES A MI FIESTA...
1

"FUI AL CINE AYER". CARLOS DIJO QUE...
42

NO ES EVIDENTE QUE...
31

ESTUDIARÍA MÁS SI...
10

Sentir
(+VERBO EN SUBJUNTIVO)
44

"¿DÓNDE HAS ESTADO?". MARTA ME PREGUNTÓ...
43

Decir
(+ VERBO EN SUBJUNTIVO)
30

Creer
(+ VERBO EN SUBJUNTIVO)
9

"¿TIENES FRÍO?". JUAN ME PREGUNTÓ...
7

28

¡OJALÁ...!
29

ES EVIDENTE QUE...
8

ES LÓGICO QUE...
4

"¿SABES QUE LUIS NO HA ESTUDIADO PARA EL EXAMEN?". AUNQUE...
5

NO IRÍA CONTIGO AUNQUE...
6

7

Juego 18 Se puede o no se puede

Nivel: a partir de A1.

Juego 19 A vueltas con las preposiciones

Niveles: de A2 a B2.

De oca a oca, los sonidos tocan

1 SALIDA

El número 1 te anima a leer la siguiente poesía:

Con E empiezan las estrellas, el espejo, el elefante y el estante.
Como yo sé que eres muy inteligente,
di palabras con E que imagine tu mente.

2

Adivina, adivinanza, si no sabes lo que es, pierdes una baza.

Mi apellido es rey y no tengo reino,
dicen que soy rubio y no tengo pelo,
relojes arreglo sin ser relojero.

3

Gira y gira el dado sin parar porque palabras con sonido [χ] has de pensar y pronunciar.

4

Prueba y verás que B y V suenan igual.

Un beso suave vino,
inolvidable turbación,
cálido abrazo como la
brisa veraniega
y absoluto como el amor.

22

Lee y comprobarás que J, GE y GI suenan igual.

Lunes, martes y miércoles: tres
Jueves, viernes y sábado: seis
y el domingo ya no nos coGÉis.
GIra la ruleta que el lunes, el martes y el miércoles vuelven a ser tres.

23

Mira a un lado, mira a otro lado y piensa en una letra para que diga palabras el compañero que has seleccionado.

24

Fíjate:

El que lo siGUE lo consiGUE
y el que consiGUE eleGIr
siGUE a la GUInda del pastel que como postre quiere coGEr.

25

¡Qué lío, qué confusión, las mismas palabras con alguna que otra distinción!

La pena no es tanta pena si estás con la peÑa

El mono no es tan mono, si no tiene moÑo

21

36

Diptongos, diptongos, diptongos.

37

Debes descansar para llegar al final.

38

¿LL o Y o las dos por igual?

...desde el día que nací,
corro y corro sin cesar,
corro de día,
corro de noche,
hasta llegar al mar.

¿Quién soy?

...
rUIdo
hUEso

grecIA
jamAIca
dEUda

dIUrno
hIElo
pEIne

ZZZZ

El caballo bayo se esconde detrás de la haya para saltar la valla.

¡Vaya con el caballo bayo que se esconde detrás de una haya para saltar la valla!

20

¿L o LL? ¿LL o Y? Lo sabrás cuando lo intentes pronunciar.

ola - olla
vaya - valla
velo - vello

bolo - bollo
payo - pollo
rayar - rallar

35

El tambor, tamborea.
La guitarra, guitarrea.
El xilofón, xilofonea.
El arpa, arpea
y el acordeón, acordonea.

Guitarrea el tambor.
Xilofonea el arpa.
Tamborea el xilofón
con el acordeón.
¡Qué follón de
orquestón!

34

Mira al compañero de enfrente y dile que te diga palabras con la letra que pienses inmediatamente.

33

¿Puedes desenredarlo tú?

El cielo está enredado,
quién lo desenredará,
el desenredador que lo
desenrede
buen desenredador será.

19

Prueba y verás que no es tan difícil pronunciar:

séptimo
administrar
obtuso
atleta

admiro
óptimo
atlas
subdesarrollo

cápsula
adherir
atlántico
abdicar

18

El juego has de continuar diciendo palabras que lleven M, N y Ñ.

17

Adivina, adivinanza, si no aciertas no avanzas.

Zumbando va,
zumbando viene,
de flor en flor
trajinando
y nuestra vida endulzando.

16

Retrocede a la casilla anterior.

A

Juego 24 Te escucho

1 La vecina de tu compañero de la derecha va cada día a su casa, con cualquier excusa. Él está harto de esta situación y no sabe cómo decírselo. Dale un consejo.

2

3 "Solo sé que no sé nada".

4 Tu compañero de la izquierda tiene un examen dentro de tres días pero tiene poco tiempo para estudiar y no sabe cómo aprovecharlo al máximo. Ayúdale.

5 Háblame de ti.

6 ¿Qué te dice tu familia respecto a...?

17 "Querer es poder".

18

19 Los españoles...

20 Tira otra vez

21

22

23 "No hay mal que por bien no venga".

24 Pierd... tur...

31

32 Pierdes el turno

33

34 Explica un problema a tus compañeros y pídeles consejo.

Nivel: a partir de B1.

Juego 25 ¿Es correcto?

5
6
7
8
28
29
30
9
31
10
2
32
11
35
34
33
12
16
15
14
13

Juego 28 ¿Te atreverías?

INICIO

1 Le gritarías a tu jefe si...

2 Traicionarías a tu pareja si...

3 Si recibieras todos los días una carta de un admirador desconocido...

4

5 Te pondrías colorado/a si...

6 Si en el supermercado te dieran más dinero de vuelta de lo que te corresponde...

7

8 Si alguien por la calle te pidiera tu teléfono porque le gustas mucho...

9 Te irías de casa si...

10

11 Si estuvieras en medio de la selva sin comida...

12 Si un conocido tuyo saliera en un programa de televisión contando cosas de ti...

13 Si llegaras tarde a una entrevista de trabajo...

14 Dejarías de hablar a tu mejor amigo si...

15 Si en un concierto alguien te diera un pisotón...

16 Darías saltos de alegría si...

17 Si pudieras pasar un día con un famoso...

18

19 Si fueras el responsable del transporte público en tu ciudad...

20 Si... no lo pensarías dos veces y lo harías.

21 Si fueras el jefe del gobierno en tu país...

22

23 Si pudieras ser otra persona por un día... porque...

24 Si... le dirías que no.

25 Si te prohibieran salir de casa durante un año...

26 Revelarías un secreto si...

27

FINAL

Todos te preguntan: ¿Qué harias si...?

Juego 29 Tres hoteles

Hotel Villa María

Avda. Julio Moreno, 16 • Motril • Granada
Teléfono 958 72 84 56

Hotel de apartamentos de lujo y gran lujo (cuatro estrellas), especial para espíritus selectos, con todo tipo de comodidades y servicios, gran calidad y atención exclusiva.

Servicios

Precios (en pensión completa)

Habitación individual 60€/día   Habitación doble 85€/día

Todas las habitaciones con televisión, música y aire acondicionado

Guardería infantil: 20€ al día
Canguro: 10€ al día
Gimnasio (con asesoramiento): 15€ al día
Sauna con masaje: 35€ la sesión
Todas las actividades acuáticas: 12€/hora
Hípica: 35€/hora

SITUACIÓN

Situado en primera línea de playa. El hotel tiene autobús propio para transporte a: pistas de esquí y rutas de montaña. Precio (incluido alquiler de esquís o de bicicletas de montaña): 75€/día.

Formas de pago: todas (se aceptan cheques).

Hotel Cost

Paseo Marítimo, 20
Teléfono 9

Gran hotel junto al mar M
Todas las habitacion

Serv

Precios (en per

Habitación individual 45€/día

Suplemento por televisión: 3€/día
Sauna: 12€ sesión
Guardería infantil: 8€/hora

PRECIOS

Un fin de semana en pensión com
Habitación individual: 95€
Una semana en pensión complet
Habitación individual: 315€

SITUACIÓN

Situado frente al mar, a 25 km de l
y a 65 km de las pistas de esquí
centro histórico del pueblo. Comu
Alquiler de coches.

Formas de pago: tarjetas de cr

a Tropical

Motril • Granada

8 48 22 70

diterráneo (tres estrellas)
es con vistas al mar.

cios

sión completa)

Habitación doble 65€/día

Masajista: 45€/30 min.
Canguro: 13€/hora
Menú del restaurante: 9€

SPECIALES

pleta y acceso a sauna:
Habitación doble: 120€

y acceso a sauna:
Habitación doble: 450€

s rutas de montaña más cercanas e Sierra Nevada, a 20 minutos del cación con autobús urbano o taxi.

édito, no se aceptan cheques.

Hotel El Cortijo

Avda. Julio Moreno, 20 • Motril • Granada

Teléfono 958 57 72 31

Restaurante de tres tenedores,
recomendado en la guía de viaje Michelin.

Hotel con ambiente tranquilo y muy familiar, pequeño y apropiado para familias con niños, para los amantes de la paz y la buena comida. Especialidades en platos de la región. Dos estrellas.

Servicios

Precios (solo habitación)

Habitación individual 18€/día

Suplemento de desayuno: 6€
Suplemento comida: 9€/día

Habitación doble 35€/día

Suplemento especialidades de la casa: 12€
Canguro: 6€/hora

PRECIOS ESPECIALES

de habitaciones con pensión completa (desayuno y comida)

Un fin de semana en habitación doble con menú especial: 55€

Una semana en habitación doble: 120€

¡¡¡Guardería infantil gratis!!!

Servicio de información de actividades deportivas y turísticas en la zona.

SITUACIÓN

Situado a tan solo cinco minutos de la playa. Conexión con el pueblo: 15 minutos con autobús urbano (pasa regularmente cada 20 minutos), 30 minutos a pie.

Formas de pago: no se aceptan tarjetas de crédito ni cheques.

Juego **2**

Dominó de preposiciones

Tarjetas
Niveles: A2 y B1.

ES UNA PELÍCULA

LA CORBATA ES

LA CARTERA ES

ME GUSTA EL TÉ

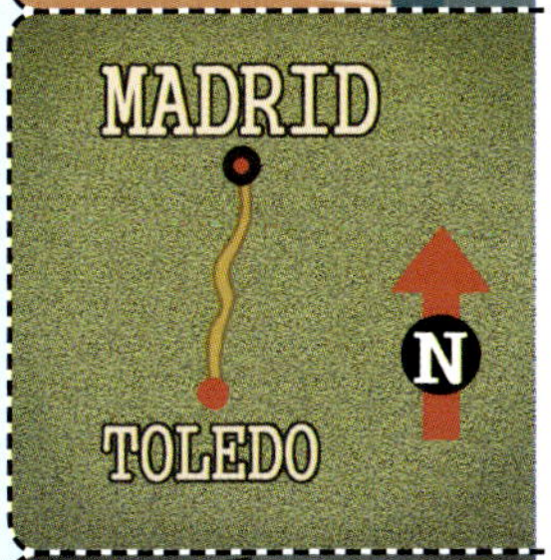

PREFIERO LA COMIDA

SIEMPRE QUEDAMOS

EL MUSEO ESTÁ

LA ZAPATERÍA ESTÁ

LA LECHUGA ESTÁ

VOY A GRANADA

MI PADRE ESTÁ

LA TAZA ESTÁ

LA SAL ESTÁ

NECESITO MONEDAS

Juego 2
Dominó de preposiciones

Juego 2
Dominó de preposiciones

Juego 2
Dominó de preposiciones

Juego 2
Dominó de preposiciones

Juego 2
Dominó de preposiciones

Juego 2
Dominó de preposiciones

Juego 2
Dominó de preposiciones

Juego 2
Dominó de preposiciones

Juego 2
Dominó de preposiciones

Juego 2
Dominó de preposiciones

Juego 2
Dominó de preposiciones

Juego 2
Dominó de preposiciones

Juego 2
Dominó de preposiciones

Juego 2
Dominó de preposiciones

Dominó de preposiciones

HE HECHO LOS EJERCICIOS

VINO

NO QUIERO CAFÉ

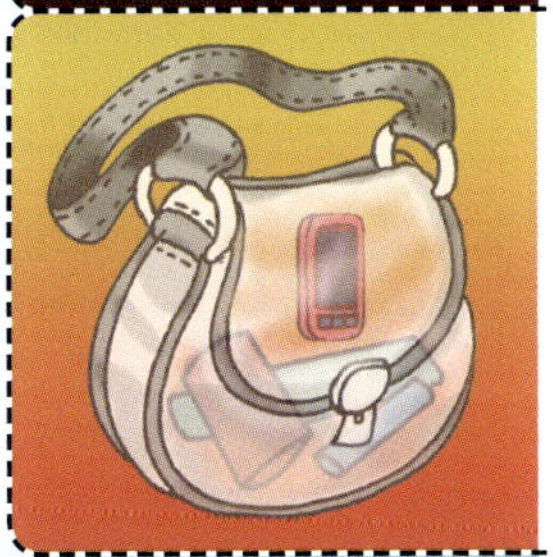

NOS VEMOS

QUEDAMOS

MARI PILI ESTÁ

EL TELÉFONO ESTÁ

LA LECHE ESTÁ

LA CLASE EMPIEZA

ESTUDIAN

TODOS LOS NIÑOS ESTÁN

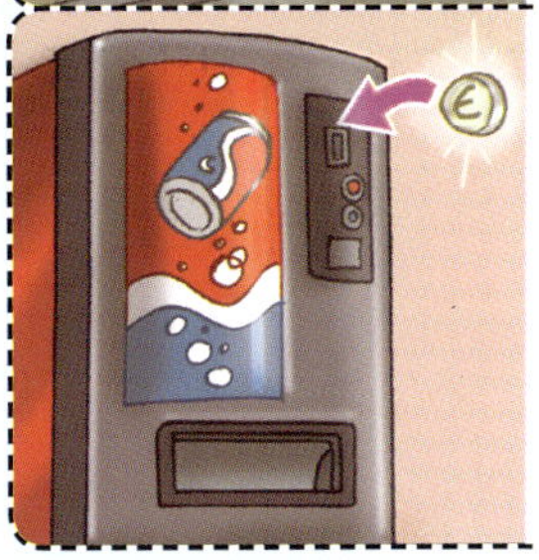

VAMOS

Juego 2
Dominó de preposiciones

Juego 2
Dominó de preposiciones

Juego 2
Dominó de preposiciones

Juego 2
Dominó de preposiciones

Juego 2
Dominó de preposiciones

Juego 2
Dominó de preposiciones

Juego 2
Dominó de preposiciones

Juego 2
Dominó de preposiciones

Juego 2
Dominó de preposiciones

Juego 2
Dominó de preposiciones

Juego 2
Dominó de preposiciones

Juego 2
Dominó de preposiciones

Juego **2**

Dominó de preposiciones

Tarjetas
Niveles: A2 y B1.

TOLEDO ESTÁ

QUIERO IR

VOY

VOY A CLASE

VOY

PON LAS MANTAS

EL DICCIONARIO ESTÁ

MIS AMIGOS VIENEN

LOS ESTUDIANTES VUELVEN

EL MÉDICO ESTÁ

ESTUDIO

TRABAJÁIS

SOY

EL JERSEY ES

Juego 2
Dominó de preposiciones

Juego 2
Dominó de preposiciones

Juego 2
Dominó de preposiciones

Juego 2
Dominó de preposiciones

Juego 2
Dominó de preposiciones

Juego 2
Dominó de preposiciones

Juego 2
Dominó de preposiciones

Juego 2
Dominó de preposiciones

Juego 2
Dominó de preposiciones

Juego 2
Dominó de preposiciones

Juego 2
Dominó de preposiciones

Juego 2
Dominó de preposiciones

Juego 2
Dominó de preposiciones

Juego 2
Dominó de preposiciones

Juego **2** # Dominó de preposiciones

Tarjetas
Niveles: B2 y C1.

RECUPERAMOS LA MALETA	DESDE EL JUEVES
HOY COMEMOS PATATAS	PARA LO QUE HA SERVIDO
LE PIDIÓ UNOS PANTALONES	A CONCIENCIA
VOY AL AEROPUERTO	POR DEFUNCIÓN
LO TIENES QUE HACER	PARA SALIR
ESTOY	PARA FIESTAS
EN LA DESPENSA HABÍA UNA BOTELLA	POR LA AUTOVÍA
ME GUSTA DIBUJAR	PARA CONSEGUIR UN BUEN TRABAJO
EL TREN ESTÁ	A LA FIESTA
IREMOS A LA REUNIÓN ALGUNOS	POR HACER
ESTOY POR VOLVER	PARA MUCHOS TROTES
NO VAYAS A LA FIESTA	DESDE MI CASA
LO TERMINARÁ	POR MÍ
PARA HOMBRE ATRACTIVO	A LO POBRE
HE ENCONTRADO UNA CAJA	PARA SU EDAD
HEMOS IDO A UN CONCIERTO	POR JUAN
NO ESTOY	A JORGE
MURIÓ	EN MANGAS DE CAMISA
HOY ESTÁ	PARA ANTONIO
LUCHÓ	EN UN SANTIAMÉN

Juego 2
Dominó de preposiciones

Juego 2
Dominó de preposiciones
Juego 2
Dominó de preposiciones
Juego 2
Dominó de preposiciones
Juego 2
Dominó de preposiciones
Juego 2
Dominó de preposiciones
Juego 2
Dominó de preposiciones
Juego 2
Dominó de preposiciones
Juego 2
Dominó de preposiciones
Juego 2
Dominó de preposiciones
Juego 2
Dominó de preposiciones
Juego 2
Dominó de preposiciones
Juego 2
Dominó de preposiciones
Juego 2
Dominó de preposiciones
Juego 2
Dominó de preposiciones
Juego 2
Dominó de preposiciones
Juego 2
Dominó de preposiciones
Juego 2
Dominó de preposiciones
Juego 2
Dominó de preposiciones
Juego 2
Dominó de preposiciones

Dominó de preposiciones

A 100 EUROS EL M^2 / NO ESTÁ	A MANO / SOLO HAY UN PASO	POR BUENO / ESTABA EN CASA	PARA LLOVER / VENDO EL TERRENO
POR SUS CACHORROS / SÉ QUE LO HARÍAS	POR VER / ESTAS COSAS TE PASAN	PARA SER TAN JOVEN / TIENE FIEBRE	POR LA PAZ / LO HICIMOS
A MÁQUINA / LO HARÍA	A LOS TRES DÍAS / ESO ME LO DICES	AL BAÑO MARÍA / ESTO ESTÁ	A MÍ / ESTÁ MUY ESTROPEADO
DE ESTA / HA LLEGADO MUY LEJOS	CON LA OPOSICIÓN / LA CAMA ESTÁ	A CARBONCILLO / LO TENDRÉ	CON TRAJE LARGO / SE HACEN BORDADOS
DE VINO Y QUESO / ESTE JERSEY SE LAVA	DE NOSOTROS / CERRADO	MI PROFESOR DE LITERATURA / MEJOR QUE NO LO HUBIERAS INTENTADO	CON GRILLOS / LE DI UNA INVITACIÓN

Juego 2
Dominó de preposiciones

Juego 2
Dominó de preposiciones

Juego 2
Dominó de preposiciones

Juego 2
Dominó de preposiciones

Juego 2
Dominó de preposiciones

Juego 2
Dominó de preposiciones

Juego 2
Dominó de preposiciones

Juego 2
Dominó de preposiciones

Juego 2
Dominó de preposiciones

Juego 2
Dominó de preposiciones

Juego 2
Dominó de preposiciones

Juego 2
Dominó de preposiciones

Juego 2
Dominó de preposiciones

Juego 2
Dominó de preposiciones

Juego 2
Dominó de preposiciones

Juego 2
Dominó de preposiciones

Juego 2
Dominó de preposiciones

Juego 2
Dominó de preposiciones

Juego 2
Dominó de preposiciones

Juego 2
Dominó de preposiciones

Juego 3 **Casa de vecinos**

Tarjetas

Nivel: a partir de A1.

Juego 3
Casa de vecinos

Juego 3
Casa de vecinos

Juego 3
Casa de vecinos

Juego 3
Casa de vecinos

Juego 3
Casa de vecinos

Juego 3
Casa de vecinos

Juego 3
Casa de vecinos

Juego 3
Casa de vecinos

Juego 3
Casa de vecinos

Juego 3
Casa de vecinos

Juego 3
Casa de vecinos

Juego 3
Casa de vecinos

Juego 3
Casa de vecinos

Juego 3
Casa de vecinos

Juego 3
Casa de vecinos

Juego 3
Casa de vecinos

A	A
A	A
A	A
B	B
B	B
B	B

Juego 4
¿Y tú, qué sabes?

Juego 4
¿Y tú, qué sabes?

Juego 4
¿Y tú, qué sabes?

Juego 4
¿Y tú, qué sabes?

Juego 4
¿Y tú, qué sabes?

Juego 4
¿Y tú, qué sabes?

Juego 4
¿Y tú, qué sabes?

Juego 4
¿Y tú, qué sabes?

Juego 4
¿Y tú, qué sabes?

Juego 4
¿Y tú, qué sabes?

Juego 4
¿Y tú, qué sabes?

Juego 4
¿Y tú, qué sabes?

Juego **4** # ¿Y tú, qué sabes?

Tarjetas
Nivel: a partir de A2.

¿De qué estilo artístico está considerado Dalí uno de sus máximos representantes?

Surrealismo.

¿Qué tienen en común Felipe González, José María Aznar, José Luis Rodríguez Zapatero y Mariano Rajoy?

Todos han sido presidentes del gobierno de España.

¿Cómo se llama la generación a la que pertenecía García Lorca?

Generación del 27.

¿Quiénes fueron Emiliano Zapata y Pancho Villa?

Héroes de la Revolución mexicana iniciada en 1910.

El año 1492 se recuerda por la llegada de Colón al nuevo Mundo. ¿Sabrías mencionar otro acontecimiento importante que se produjo en aquel año?

Conquista de Granada.
Expulsión de los judíos.

¿Por qué la Generación del 98 toma este año como emblema?

Crisis de 1898: pérdida de Cuba, la última colonia del Imperio español.

El 23-F es una fecha importante en la transición española? ¿Por qué?

Golpe de Estado del teniente coronel Antonio Tejero.

¿Sabrías decir la nacionalidad de los siguientes ganadores del premio Nobel de Literatura: Gabriela Mistral, Juan Ramón Jiménez y Octavio Paz?

Gabriela Mistral, chilena.
Juan Ramón Jiménez, español.
Octavio Paz, mexicano.

¿Cómo se apellidaba el presidente argentino que fue destituido por la "Revolución de las Cacerolas" en diciembre de 2001?

Fernando de la Rúa.

¿Qué civilización desembarcó en la localidad de Ampurias en el año 218 a.C. para conquistar la península ibérica?

La civilización romana.

¿Con qué nombre se conoce al fenómeno literario que se dio entre 1960 y 1970 y que popularizó la literatura latinoamericana en el resto del mundo?

El *boom* latinoamericano.

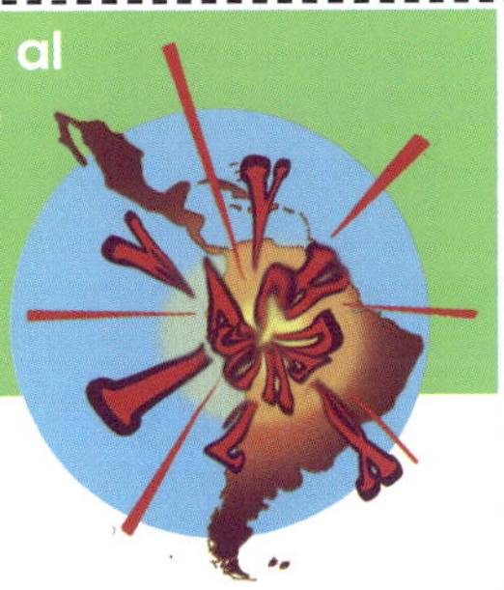

¿Cómo se llamaba el pueblo que habitaba la península ibérica a la llegada de los romanos?

Íberos.

Juego 4

¿Y tú, qué sabes?

Juego 4

¿Y tú, qué sabes?

Juego 4

¿Y tú, qué sabes?

Juego 4

¿Y tú, qué sabes?

Juego 4

¿Y tú, qué sabes?

Juego 4

¿Y tú, qué sabes?

Juego 4

¿Y tú, qué sabes?

Juego 4

¿Y tú, qué sabes?

Juego 4

¿Y tú, qué sabes?

Juego 4

¿Y tú, qué sabes?

Juego 4

¿Y tú, qué sabes?

Juego 4

¿Y tú, qué sabes?

Juego **4**

¿Y tú, qué sabes?

Tarjetas
Nivel: a partir de A2.

¿Sabes cómo les llaman en algunos países de América latina a los españoles?

Gallegos.

¿Sabes dónde está Huesca?

En Aragón.

¿Cómo se llaman los amigos de Mafalda, el famoso personaje de Quino?

Felipe "Felipito"
Miguel "Miguelito"
Susanita "Susanita"
Manuel "Manolito"
Libertad
Guille (el hermano)

¿Con cuál de estos países no hace frontera Argentina? Bolivia, Paraguay, Brasil, Perú, Uruguay, Chile.

Con Perú.

¿Por qué el Tequila se llama así?

Por la población de origen prehispánico del mismo nombre y que se encuentra en el Estado de Jalisco.

¿Qué famosa cantante colombiana animó el Mundial de Fútbol de Sudáfrica al ritmo del Waka Waka?

Shakira.

Di el nombre de tres dulces típicos de la Navidad en España.

Polvorón, turrón,
roscón de Reyes,
mazapán.

¿Qué tipo de música tocan los mariachis? ¿De dónde es originaria?

Las rancheras, de México.

¿En qué año y dónde ganó por primera vez el Mundial de Fútbol la selección española?

En 2010, en Sudáfrica.

¿Qué fiesta española, celebrada en Pamplona, guarda relación con los toros? Las Fallas, Los Sanfermines, San Juan.

Los Sanfermines.

Todos sabemos que el flamenco es un baile típico español. ¿Sabrías las nacionalidades de estos bailes latinoamericanos? Cueca-Rumba-Cumbia

Cueca - chilena y colombiana.
Rumba - cubana y española.
Cumbia - colombiana.

¿Sabes cómo se llama a las brujas en Galicia?

Meigas
"Meigas, habeilas, hailas".

Juego 4

¿Y tú, qué sabes?

Juego 4

¿Y tú, qué sabes?

Juego 4

¿Y tú, qué sabes?

Juego 4

¿Y tú, qué sabes?

Juego 4

¿Y tú, qué sabes?

Juego 4

¿Y tú, qué sabes?

Juego 4

¿Y tú, qué sabes?

Juego 4

¿Y tú, qué sabes?

Juego 4

¿Y tú, qué sabes?

Juego 4

¿Y tú, qué sabes?

Juego 4

¿Y tú, qué sabes?

Juego 4

¿Y tú, qué sabes?

¿Qué otro nombre recibe un gato? Minino	**¿Qué significa la expresión *Ser un mono de imitación*?** Aquel que imita lo que ve	**¿Cómo llamamos al sonido que emite un búho?** Ulular	**¿Qué significa la expresión *Estar como una cabra*?** Estar loco
Si vas a un restaurante y quieres comer cerdo asado, ¿qué pedirías? Tostón o cochinillo	**¿Qué significa *Tener un talle de avispa*?** Tener la cintura muy fina	**¿Cómo llamamos despectivamente a un perro que no tiene raza?** Chucho	**¿Qué significa la expresión *Verle las orejas al lobo*?** Encontrarse en un gran riesgo o un peligro próximo
¿Qué significa la expresión *Estar hecho unos zorros*? Tener mucho sueño y cansancio	**¿Cómo se llama el pelo del jabalí o del cerdo?** Cerdas	**Si alguien te dice que tienes la nariz *aguileña*, ¿qué te está diciendo?** Que tu nariz tiene la forma del pico de un águila	**¿Qué decimos que hace el burro?** Rebuznar
Explica cuál es la táctica del avestruz. Esconder la cabeza o cerrar los ojos ante los problemas	**¿Cómo llaman los supersticiosos a la culebra?** Bicha	**¿Qué significa *Haber gato encerrado*?** Que hay una causa o razón oculta o secreta, o manejos ocultos	**¿Qué significa *Estar pez en algo*?** Ignorarlo por completo
Explica la expresión: *Dormir como un lirón*. Alguien que duerme mucho	**¿Qué significa *Ser un gallina*?** Ser cobarde, no tener valor	**¿Qué significa *Ser un zorro*?** Ser muy astuto	**Danos un ejemplo de roedor.** Rata, ratón, castor...
¿Qué significa *Estar hecho una foca*? Estar muy gordo	**¿Qué diferencia de significado hay entre *zarpa* y *garras*?** Una zarpa es la mano de los animales con dedos y uñas y la garra es la mano o pie con uñas curvas y agudas	**Decimos que *Eres más lento que una...*?** Tortuga	**¿Cuál es el animal que saca los cuernos al sol?** El caracol

Juego 5
El zoo

Juego 5
El zoo

Juego 5
El zoo

Juego 5
El zoo

Juego 5
El zoo

Juego 5
El zoo

Juego 5
El zoo

Juego 5
El zoo

Juego 5
El zoo

Juego 5
El zoo

Juego 5
El zoo

Juego 5
El zoo

Juego 5
El zoo

Juego 5
El zoo

Juego 5
El zoo

Juego 5
El zoo

Juego 5
El zoo

Juego 5
El zoo

Juego 5
El zoo

Juego 5
El zoo

Juego 5
El zoo

Juego 5
El zoo

Juego 5
El zoo

Juego 5
El zoo

Juego 5
El zoo

¿Que sabes de...?

¿Cuándo suelen cantarse las saetas?

Di una frase tradicionalmente coreada por los invitados de una boda.

¿Cómo se llama el recipiente en el que se hace la tortilla española?

¿Qué animal y de qué color da mala suerte si se te cruza?

¿Cuál es el animal más *loco* de todos?

¿Cómo se llaman los Premios que otorga la Academia Cinematográfica Española?

¿Qué es un chaleco?

¿Qué forma tiene una plaza de toros?

¿A quién darías el pésame?

¿A qué bebidas llamamos *un cortado*?

¿Qué material debes tocar para alejar el mal?

¿Qué pasa cuando alquien *tiene la mosca detrás de la oreja*?

¿Qué pintor tiene una época rosa, una época azul y otra negra en su obra?

Coloquialmente, ¿a qué nos referimos cuando hablamos de una *chupa*?

¿Cuál es el baile típico de Aragón que tiene nombre de letra?

¿Cuál es el deporte rey español?

¿De dónde es típico el vino de Ribeiro?

¿Con qué pie nunca debes levantarte?

Cuando dos personas se llevan muy mal decimos que se llevan como...

Dinos el nombre de un director de cine español.

La lengüeta forma parte de...

¿Dónde se celebran los carnavales más populares de España?

¿A qué edad se puede sacar el carné de conducir?

Di dos alimentos típicos de la Navidad.

¿Qué números dan buena suerte?

¿Cuándo decimos que alguien es un *aguafiestas*?

¿Sabes el nombre de algún escritor español que ha recibido el Premio Nobel?

Describe a una persona que esté en mangas de camisa.

¿Cómo se llama el baile típico de Cataluña?

¿Qué nombre se le da a los días de trabajo? (De lunes a viernes)

El salmorejo es una comida típica de...

Ver a una novia, ¿da buena o mala suerte?

Si estás harto, dirías que *estás hasta*...

¿Conoces a algún tenor español?

Si alguien te dice que llevas abierta la bragueta, ¿a qué se refiere?

¿Sabrías explicar que es una romería?

¿A qué edad pueden votar los jóvenes en las elecciones?

¿De dónde es típico el mojo picón?

¿Qué color da mala suerte a la gente del espectáculo?

¿Qué significa *Estar hecho un flan*?

Hay un pintor español que pinta a la misma mujer vestida y desnuda sobre un diván, ¿cuál es?

¿Dónde llevan la flor los novios?

La sardana.

Laborables.

Andalucía.

Buena. Da mala suerte si la ve el novio vestida de novia antes de la boda.

Las narices, la coronilla, el moño...

Plácido Domingo, José Carreras...

Llevas abierta la cremallera del pantalón.

Festividad religiosa que se celebra en la ermita de un lugar y siempre se acompaña de bailes y merienda.

A partir de los 18 años.

Canarias.

El amarillo.

Estar muy nervioso, temblar...

Goya. *La maja vestida* y *La maja desnuda*.

En el ojal de la solapa.

La jota.

El fútbol.

Galicia.

Con el pie izquierdo.

El perro y el gato.

Pedro Almodóvar, Víctor Erice, Carlos Saura, José Luis Garci, Fernando Trueba...

Un zapato o una bota con cordones.

En Tenerife y en Cádiz.

A los dieciocho años.

Turrón, pavo, cordero, polvorones...

Los capicúas.

Cuando estropea algo agradable.

José Echegaray, Jacinto Benavente, Juan Ramón Jiménez, Vicente Aleixandre, Camilo José Cela.

Es una persona con camisa que no lleva encima ni chaqueta ni jersey.

En las procesiones de Semana Santa.

Vivan los novios, que se besen...

Sartén.

Gato negro.

Estás como una cabra = loco.

Premios Goya.

Un jersey sin mangas.

Redonda.

A los allegados de un difunto.

Al café con muy poca leche.

Madera.

Que tiene cierto recelo o sospecha por/de algo.

Pablo Picasso.

A una cazadora de cuero.

¿Que sabes de...?

Di el nombre de una fiesta española en la que el fuego sea protagonista.

¿Cuántos hijos tiene una familia numerosa?

¿Cómo se clasifica el vino según su color?

¿Qué planta te dará buena suerte si te la encuentras?

Si estás *a la sombra*, ¿dónde estás?

¿Conoces algún arquitecto español?

¿Qué otro nombre se le da a una chaqueta de caballero?

¿Cuál es la Fiesta Nacional en España?

¿De qué color es el uniforme de la policía nacional?

¿A qué bebida acompañan tradicionalmente los churros?

Hay un día en el que no debes casarte nunca, ¿cuál?

¿Qué hace alguien que *está empinando el codo*?

¿A qué movimiento arquitectónico pertenece la catedral de Toledo?

¿En qué parte del cuerpo te pondrías unas playeras?

El chotis es un baile típico de...

¿Qué es una boda civil?

El gazpacho es una comida típica de...

¿Cuál es el número de la mala suerte?

Cuando dos personas se llevan muy bien y están juntos, decimos que son...

No te puedes marchar de Segovia sin ver el...

¿En qué parte del cuerpo te pondrías una pajarita?

¿Qué es lo más típico de las fiestas de Sanfermín?

¿A qué llamamos prensa del corazón?

Di algunos ingredientes de la paella.

¿Qué nombre de reptil se repite dos veces para ahuyentar la mala suerte?

¿Qué entendemos por algo que *está patas arriba*?

¿Qué museo español es uno de los más importantes del mundo?

Si tienes necesidad de *echar medias suelas*, ¿a quién acudirías?

¿Qué es una verbena?

La nuera generalmente se lleva mal con la...

¿Para qué sirve una bota?

Da mala suerte pasar por debajo de una...

¿A quién comparamos con un *perro verde*?

¿Cómo se llama la fortaleza-palacio árabe que hay en Granada?

Para montar en moto es obligatorio llevar...

¿Dónde se celebra la Feria de Abril?

¿Qué es el INSALUD?

¿Cuáles son los pimientos que unos pican y otros no?

Sustancia blanca y cristalina que no debes derramar.

Si alguien te dice que se ha quedado sin blanca, ¿qué le pasa?

¿Cuál es la obra maestra de la literatura española?

¿Qué nombre se le da a los zapatos que llevan los gallegos en el campo?

Es una feria con puestos, atracciones y actuaciones.

Suegra.

Para beber vino.

Escalera.

A una persona: *Eres más raro que un perro verde.*

La Alhambra.

(El) casco.

En Sevilla.

El Instituto Nacional de la Salud.

Pimientos de Padrón (Galicia).

La sal.

Que no tiene dinero.

El ingenioso hidalgo Don Quijote de la Mancha.

Zuecos.

Madrid.

La que se contrae según la ley civil, sin intervención de un párroco.

Andalucía.

El trece.

Uña y carne.

Acueducto.

En el cuello de la camisa.

Los encierros.

A la prensa de los *cotilleos*.

Arroz, pimiento, azafrán, pescado, pollo, cerdo, ajo, mejillones, chirlas…

Lagarto.

Está desordenado.

El Museo del Prado.

A un zapatero.

Las Fallas, las hogueras de San Juan.

Tres o más hijos.

Tinto, blanco, rosado, clarete.

Un trébol de cuatro hojas.

En la cárcel.

Antonio Gaudí, Juan de Herrera, Rafael Moneo, Santiago Calatrava.

Americana.

Las corridas de toros.

Azul marino.

Chocolate.

Martes y trece.

Beber alcohol.

Gótico.

En los pies.

De andar por casa

nevera	esponja	portafotos	bata
tenedor	toalla	cortina	diana
tarro	bañera	librería	lámpara
cazo	cepillo	cenicero	sábana
pingüino	paragüero	guante	cajón
cojín	gato	plato	azulejos
cámara	marioneta	cuenco	cuadro
cuento	huevo	huella	hueso
bayeta	alfombrilla	llave	
cacerola	grifo	cadena de música	

pata	bortafotos	esbonja	nepera
tiana	cordina	doalla	denedor
lámparra	librerría	bañerra	taro
zábana	senisero	sepillo	caso
cagón	juante	paraguero	pinguino
azurejos	prato	jato	coguín
quadro	quenco	malioneta	cámala
güeso	güella	güevo	quento
	yave	alfombriya	balleta
	gadena de música	crifo	gacerola

CULTURA	CULTURA	CULTURA
CULTURA	CULTURA	CULTURA
FUNCIONES COMUNICATIVAS	FUNCIONES COMUNICATIVAS	FUNCIONES COMUNICATIVAS
FUNCIONES COMUNICATIVAS	FUNCIONES COMUNICATIVAS	FUNCIONES COMUNICATIVAS
GRAMÁTICA II	GRAMÁTICA II	GRAMÁTICA II
GRAMÁTICA II	GRAMÁTICA II	GRAMÁTICA II

TRIVIAL DEL ESPAÑOL
CULTURA
1. Nombra tres monumentos históricos de España.

TRIVIAL DEL ESPAÑOL
CULTURA
2. Explica la receta de la tortilla de patata.

TRIVIAL DEL ESPAÑOL
CULTURA
3. Cita un escritor, un pintor y un actor de España o Hispanoamérica.

TRIVIAL DEL ESPAÑOL
CULTURA
4. Di el nombre de tres cantantes o grupos musicales españoles.

TRIVIAL DEL ESPAÑOL
CULTURA
5. Nombra tres países de Centroamérica.

TRIVIAL DEL ESPAÑOL
CULTURA
6. Di el nombre de tres lugares de interés cultural o natural en Hispanoamérica.

TRIVIAL DEL ESPAÑOL
FUNCIONES COMUNICATIVAS
1. – ¿Sabes que Juan tuvo un accidente y está ingresado en el hospital?
   – ¡VAYA ....!

TRIVIAL DEL ESPAÑOL
FUNCIONES COMUNICATIVAS
2. Tienes cinco caramelos en tu mano y quieres ofrecer uno de ellos a un niño, ¿qué le dices?
   a. COGE.
   b. CÓGELOS.

TRIVIAL DEL ESPAÑOL
FUNCIONES COMUNICATIVAS
3. Quieres que un amigo te acompañe a algún sitio, le dices...
   a. ANDA, ACOMPÁÑAME.
   b. SAL, ACOMPÁÑAME.
   c. CAMINA, ACOMPÁÑAME.

TRIVIAL DEL ESPAÑOL
FUNCIONES COMUNICATIVAS
4. Alguien que conoces está diciendo algo con lo que no estás de acuerdo y además te está enfadando. Le dices...
   – ¡NI ...., ESO NO ES ASÍ!

TRIVIAL DEL ESPAÑOL
FUNCIONES COMUNICATIVAS
5. Si alguien dice: "¡Ah!, venga, vale". Imagina que ha dicho la otra persona antes.

TRIVIAL DEL ESPAÑOL
FUNCIONES COMUNICATIVAS
6. ¿Qué expresamos cuando decimos: "¡Jo, qué rollo!"?:
   a. TRISTEZA.
   b. SORPRESA.
   c. FASTIDIO.

TRIVIAL DEL ESPAÑOL
GRAMÁTICA II
1. Completad:
   – Me marché de la fiesta no porque (yo/pelear) .... con mi novio, sino porque (doler) .... la cabeza.

TRIVIAL DEL ESPAÑOL
GRAMÁTICA II
2. ¿Cuáles de los siguientes verbos tienen el pronombre obligatorio?
   CAERSE • AHOGARSE
   DESPERTARSE • ESPANTARSE
   PREOCUPARSE • ARREPENTIRSE

TRIVIAL DEL ESPAÑOL
GRAMÁTICA II
3. – *¿Y José?*
   – No lo sé. DEBE/DEBE DE estar en casa de Juan.

TRIVIAL DEL ESPAÑOL
GRAMÁTICA II
4. La preposición que rige al verbo *tropezar* es...

TRIVIAL DEL ESPAÑOL
GRAMÁTICA II
5. ¿POR o PARA?
   – Hoy no estoy .... tonterías.

TRIVIAL DEL ESPAÑOL
GRAMÁTICA II
6. Explicad si es correcta la siguiente frase y decid si hay posibilidad de escribir otro pronombre:
   – Lo quiero mucho (a Pedro).

EXPRESIONES	EXPRESIONES	EXPRESIONES
EXPRESIONES	EXPRESIONES	EXPRESIONES
VOCABULARIO	VOCABULARIO	VOCABULARIO
VOCABULARIO	VOCABULARIO	VOCABULARIO
GRAMÁTICA	GRAMÁTICA	GRAMÁTICA
GRAMÁTICA	GRAMÁTICA	GRAMÁTICA

TRIVIAL DEL ESPAÑOL
EXPRESIONES

1. *No dar pie con bola* significa...
   a. NO ACERTAR.
   b. NO JUGAR BIEN AL FÚTBOL.

TRIVIAL DEL ESPAÑOL
EXPRESIONES

2. Elige la opción correcta:
   - Este chico no sabe nada, ...
   a. ESTÁ PEZ.
   b. ES UN GALLINA.
   c. ESTÁ COMO UNA CABRA.

TRIVIAL DEL ESPAÑOL
EXPRESIONES

3. Completad:
   - Su marido es tan egocéntrico que se cree el .... del mundo.

TRIVIAL DEL ESPAÑOL
EXPRESIONES

4. Pon un ejemplo de alguien que *está como un tren.*

TRIVIAL DEL ESPAÑOL
EXPRESIONES

5. Expresión correcta para expresar diversión.
   ¿PASÁRSELO GORDA o *PASÁRSELO BOMBA?*

TRIVIAL DEL ESPAÑOL
EXPRESIONES

6. Si decimos *Somos uña y carne*, ¿nos llevamos bien o mal?

TRIVIAL DEL ESPAÑOL
VOCABULARIO

1. ¿Qué significa el adjetivo *sobón*?
   a. ALGUIEN QUE TOCA MUCHO.
   b. ALGUIEN QUE SABE MUCHO.
   c. ALGUIEN QUE LLORA MUCHO.

TRIVIAL DEL ESPAÑOL
VOCABULARIO

2. Si alguien es *un muermo* es:
   a. TONTO, SE DEJA ENGAÑAR.
   b. EXCESIVAMENTE ABURRIDO.
   c. CON IDEAS ANTICUADAS.

TRIVIAL DEL ESPAÑOL
VOCABULARIO

3. Para nadar, ¿te pones un gorro o una gorra?

TRIVIAL DEL ESPAÑOL
VOCABULARIO

4. ¿Dónde encuentras una *cancha*?
   a. EN UN PUERTO MARÍTIMO.
   b. EN UN TEATRO.
   c. EN UN POLIDEPORTIVO.

TRIVIAL DEL ESPAÑOL
VOCABULARIO

5. ¿Cómo se mueve un niño que no sabe andar?
   a. A CUATRO PATAS.
   b. A GATAS.
   c. A PERRAS.

TRIVIAL DEL ESPAÑOL
VOCABULARIO

6. ¿Cuál es el sustantivo correspondiente al adjetivo *frío*?

TRIVIAL DEL ESPAÑOL
GRAMÁTICA

1. Elegid la preposición adecuada en la siguiente frase:
   - POR/PARA mí, puedes hacer lo que te dé la gana.

TRIVIAL DEL ESPAÑOL
GRAMÁTICA

2. Completad con SER o ESTAR:
   - En clase .... 32 alumnos, pero ayer solo .... 20.

TRIVIAL DEL ESPAÑOL
GRAMÁTICA

3. ¿LLEVAR o TRAER?
   - Mañana sin falta te .... el libro que nos .... la última vez que estuviste aquí.

TRIVIAL DEL ESPAÑOL
GRAMÁTICA

4. ¿POR o PARA?
   - .... lo que has dicho, bien podías haberte quedado callado.

TRIVIAL DEL ESPAÑOL
GRAMÁTICA

5. IMPERATIVO de segunda persona del plural del verbo *IRSE*.

TRIVIAL DEL ESPAÑOL
GRAMÁTICA

6. Elegid la preposición que corresponde a cada verbo entre A, CON, DE y EN:
   disfrutar ...., cumplir ...., participar ...., negarse ....

Trivial del español

- ¿Qué hace el gallo en español?
- ¡Todos a *hincar los codos*!
- Alguien debe hablar con acento andaluz.
- Bailad un baile español.

- ¿Cómo ladra un perro en español?
- Coged todos un *berrinche*.
- Alguien debe hablar con acento cubano.
- Rechaza la invitación de un amigo a su fiesta de cumpleaños como lo haría un español.

- ¿Cómo suena el claxon en español?
- Poned cara de pocos amigos.
- Alguien debe hablar con acento argentino.
- Bailad un baile hispanoamericano.

- ¿Qué hace el gato en español?
- Echad una *carcajada*.
- Alguien debe hablar en español con acento marcado de otra lengua.
- Cantad todos una canción en español.

- ¿Qué sonido hace el reloj en español?
- Todos a silbar.
- Alguien debe hablar con acento de una región de España o Hispanoamérica.
- Que alguien cuente un chiste.

- ¿Cómo se representa el sonido de llamar a la puerta en español?
- ¡A ponerse *en cuclillas*!
- Echa un piropo o haz un cumplido en español a alguien de la clase.
- Haz un gesto típico español y explica qué significa.

Se llama Andrés. Está en paro y todos los días busca ofertas de trabajo.	Se llama José Manuel. Siempre le han gustado los coches y es un experto en todo tipo de motores.
Se llama Juana. Le encanta enterarse de la vida de los vecinos.	Se llama Miguel. En su casa, los fines de semana, no limpia ni un solo cristal.
Se llama Pilar. Es secretaria y ecologista. Utiliza el transporte público a diario.	Se llama Valentín. Viaja mucho por cuestiones de trabajo.
Se llama Rosa. Los días de lluvia tiene mucho trabajo.	Se llama Juan. Desde que se jubiló, se dedica a pasear y a la lectura.
Se llama Daniela. Por su trabajo pasa muchas horas de pie.	Se llama Yoshio. Su gran pasión es la pintura moderna y contemporánea.
Se llama Teresa. En su casa son vegetarianos.	Se llama Antonio. Necesita una furgoneta nueva para cargar la fruta.
Se llama Felipe. La época de más trabajo es la Navidad porque todo el mundo envía tarjetas de felicitación.	Se llama Fernando. Todas las semanas toma algo en la terraza del bar después de trabajar.

Juego 10
En la ciudad

Juego 10
En la ciudad

Juego 10
En la ciudad

Juego 10
En la ciudad

Juego 10
En la ciudad

Juego 10
En la ciudad

Juego 10
En la ciudad

Juego 10
En la ciudad

Juego 10
En la ciudad

Juego 10
En la ciudad

Juego 10
En la ciudad

Juego 10
En la ciudad

Juego 10
En la ciudad

Juego 10
En la ciudad

MUSEO

Juego 10
En la ciudad

Juego 10
En la ciudad

Juego 10
En la ciudad

Juego 10
En la ciudad

Juego 10
En la ciudad

Juego 10
En la ciudad

Juego 10
En la ciudad

Juego 10
En la ciudad

Juego 10
En la ciudad

Juego 10
En la ciudad

Juego 10
En la ciudad

Juego 10
En la ciudad

Juego 10
En la ciudad

Juego 10
En la ciudad

Juego **11**

Y tú, ¿cómo quieres estas cosas?

Tarjetas
Nivel: a partir de B1.

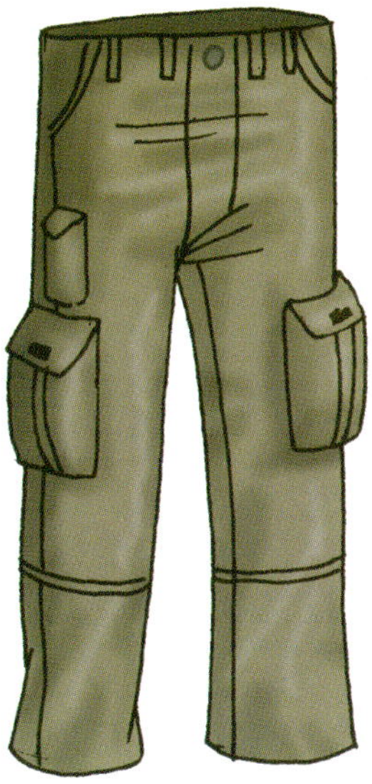

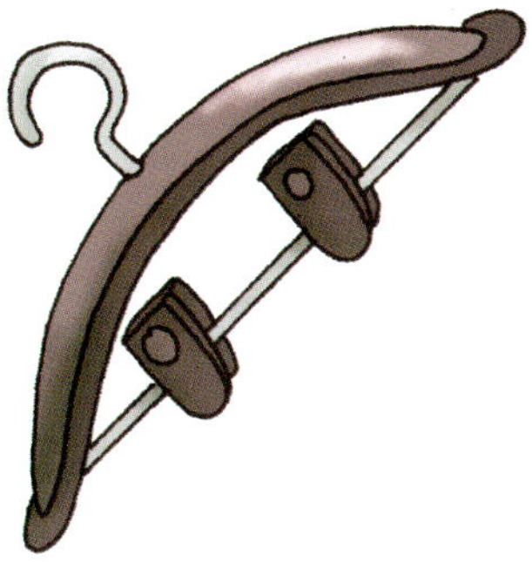

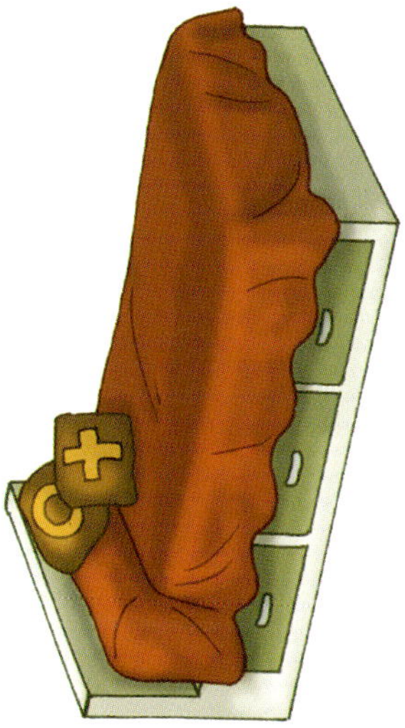

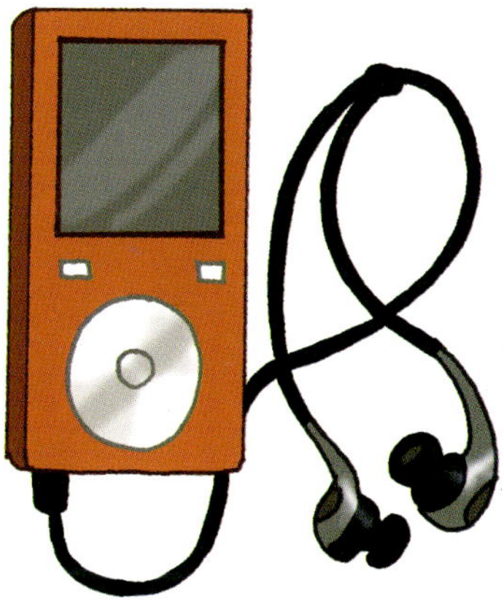

Juego 11
Y tú, ¿cómo quieres estas cosas?

Juego 11
Y tú, ¿cómo quieres estas cosas?

Juego 11
Y tú, ¿cómo quieres estas cosas?

Juego 11
Y tú, ¿cómo quieres estas cosas?

Juego 11
Y tú, ¿cómo quieres estas cosas?

Juego 11
Y tú, ¿cómo quieres estas cosas?

Juego 11
Y tú, ¿cómo quieres estas cosas?

Juego 11
Y tú, ¿cómo quieres estas cosas?

Juego 11
Y tú, ¿cómo quieres estas cosas?

Juego **11**

Y tú, ¿cómo quieres estas cosas?

Tarjetas
Nivel: a partir de B1.

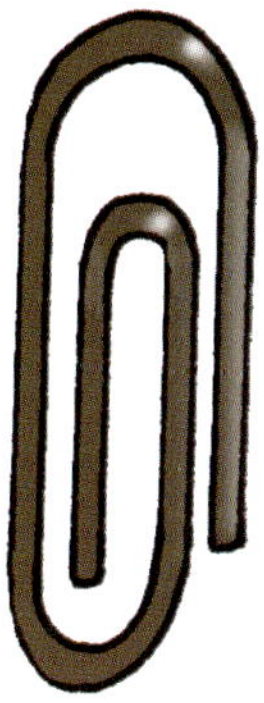

Juego 11
Y tú, ¿cómo quieres estas cosas?

Juego 11
Y tú, ¿cómo quieres estas cosas?

Juego 11
Y tú, ¿cómo quieres estas cosas?

Juego 11
Y tú, ¿cómo quieres estas cosas?

Juego 11
Y tú, ¿cómo quieres estas cosas?

Juego 11
Y tú, ¿cómo quieres estas cosas?

Juego 11
Y tú, ¿cómo quieres estas cosas?

Juego 11
Y tú, ¿cómo quieres estas cosas?

Juego 11
Y tú, ¿cómo quieres estas cosas?

A

¿QUÉ... A LAS...?

	8:00	13:00	14:30	18:30	20:00	21:00	22:00	23:30
MARTA								
VOSOTROS								
PEPE								
JUAN Y MARÍA								
TÚ								

Juego 12
¿Qué... a las...?

B

¿QUÉ... A LAS...?

	8:00	13:00	14:30	18:30	20:00	21:00	22:00	23:30
MARTA								
VOSOTROS								
PEPE								
JUAN Y MARÍA							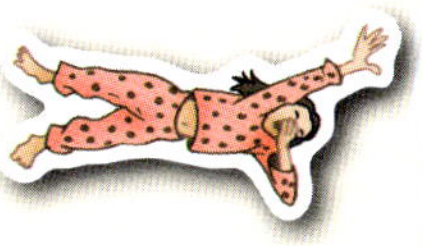	
TÚ								

Juego 12

¿Qué... a las...?

Jugar con el abecedario

A	A	A	A	A	A	A	A
E	E	E	E	E	E	E	E
I	I	I	I	I	I	I	I
O	O	O	O	O	O	O	O
U	U	U	U	U	U	U	U
A	A	A	A	A	A	A	A
E	E	E	E	E	E	E	E
I	I	I	I	I	I	I	I
O	O	O	O	O	O	O	O
U	U	U	U	U	U	U	U

Juego 13
Jugar con el abecedario

Juego 13 Jugar con el abecedario	Juego 13 Jugar con el abecedario	Juego 13 Jugar con el abecedario	Juego 13 Jugar con el abecedario	Juego 13 Jugar con el abecedario	Juego 13 Jugar con el abecedario	Juego 13 Jugar con el abecedario	Juego 13 Jugar con el abecedario	Juego 13 Jugar con el abecedario	Juego 13 Jugar con el abecedario
Juego 13 Jugar con el abecedario	Juego 13 Jugar con el abecedario	Juego 13 Jugar con el abecedario	Juego 13 Jugar con el abecedario	Juego 13 Jugar con el abecedario	Juego 13 Jugar con el abecedario	Juego 13 Jugar con el abecedario	Juego 13 Jugar con el abecedario	Juego 13 Jugar con el abecedario	Juego 13 Jugar con el abecedario
Juego 13 Jugar con el abecedario	Juego 13 Jugar con el abecedario	Juego 13 Jugar con el abecedario	Juego 13 Jugar con el abecedario	Juego 13 Jugar con el abecedario	Juego 13 Jugar con el abecedario	Juego 13 Jugar con el abecedario	Juego 13 Jugar con el abecedario	Juego 13 Jugar con el abecedario	Juego 13 Jugar con el abecedario
Juego 13 Jugar con el abecedario	Juego 13 Jugar con el abecedario	Juego 13 Jugar con el abecedario	Juego 13 Jugar con el abecedario	Juego 13 Jugar con el abecedario	Juego 13 Jugar con el abecedario	Juego 13 Jugar con el abecedario	Juego 13 Jugar con el abecedario	Juego 13 Jugar con el abecedario	Juego 13 Jugar con el abecedario
Juego 13 Jugar con el abecedario	Juego 13 Jugar con el abecedario	Juego 13 Jugar con el abecedario	Juego 13 Jugar con el abecedario	Juego 13 Jugar con el abecedario	Juego 13 Jugar con el abecedario	Juego 13 Jugar con el abecedario	Juego 13 Jugar con el abecedario	Juego 13 Jugar con el abecedario	Juego 13 Jugar con el abecedario
Juego 13 Jugar con el abecedario	Juego 13 Jugar con el abecedario	Juego 13 Jugar con el abecedario	Juego 13 Jugar con el abecedario	Juego 13 Jugar con el abecedario	Juego 13 Jugar con el abecedario	Juego 13 Jugar con el abecedario	Juego 13 Jugar con el abecedario	Juego 13 Jugar con el abecedario	Juego 13 Jugar con el abecedario
Juego 13 Jugar con el abecedario	Juego 13 Jugar con el abecedario	Juego 13 Jugar con el abecedario	Juego 13 Jugar con el abecedario	Juego 13 Jugar con el abecedario	Juego 13 Jugar con el abecedario	Juego 13 Jugar con el abecedario	Juego 13 Jugar con el abecedario	Juego 13 Jugar con el abecedario	Juego 13 Jugar con el abecedario
Juego 13 Jugar con el abecedario	Juego 13 Jugar con el abecedario	Juego 13 Jugar con el abecedario	Juego 13 Jugar con el abecedario	Juego 13 Jugar con el abecedario	Juego 13 Jugar con el abecedario	Juego 13 Jugar con el abecedario	Juego 13 Jugar con el abecedario	Juego 13 Jugar con el abecedario	Juego 13 Jugar con el abecedario

Jugar con el abecedario

Tarjetas

Nivel: a partir de A1.

B	C	D	F	G	H	J	K
L	M	Ñ	Ñ	P	Q	R	S
T	V	W	X	Y	Z	B	C
D	F	G	H	J	K	L	M
N	Ñ	P	Q	R	S	T	V
W	X	Y	Z	B	C	D	F
G	H	J	L	M	N	P	R
S	T	V	Z	Ñ	P	Q	R
S	T	V	W	X	Y	Z	B
C	D	F	G	H	J	K	L

Juego 13 Jugar con el abecedario	Juego 13 Jugar con el abecedario	Juego 13 Jugar con el abecedario	Juego 13 Jugar con el abecedario	Juego 13 Jugar con el abecedario	Juego 13 Jugar con el abecedario	Juego 13 Jugar con el abecedario	Juego 13 Jugar con el abecedario	Juego 13 Jugar con el abecedario	Juego 13 Jugar con el abecedario
Juego 13 Jugar con el abecedario	Juego 13 Jugar con el abecedario	Juego 13 Jugar con el abecedario	Juego 13 Jugar con el abecedario	Juego 13 Jugar con el abecedario	Juego 13 Jugar con el abecedario	Juego 13 Jugar con el abecedario	Juego 13 Jugar con el abecedario	Juego 13 Jugar con el abecedario	Juego 13 Jugar con el abecedario
Juego 13 Jugar con el abecedario	Juego 13 Jugar con el abecedario	Juego 13 Jugar con el abecedario	Juego 13 Jugar con el abecedario	Juego 13 Jugar con el abecedario	Juego 13 Jugar con el abecedario	Juego 13 Jugar con el abecedario	Juego 13 Jugar con el abecedario	Juego 13 Jugar con el abecedario	Juego 13 Jugar con el abecedario
Juego 13 Jugar con el abecedario	Juego 13 Jugar con el abecedario	Juego 13 Jugar con el abecedario	Juego 13 Jugar con el abecedario	Juego 13 Jugar con el abecedario	Juego 13 Jugar con el abecedario	Juego 13 Jugar con el abecedario	Juego 13 Jugar con el abecedario	Juego 13 Jugar con el abecedario	Juego 13 Jugar con el abecedario
Juego 13 Jugar con el abecedario	Juego 13 Jugar con el abecedario	Juego 13 Jugar con el abecedario	Juego 13 Jugar con el abecedario	Juego 13 Jugar con el abecedario	Juego 13 Jugar con el abecedario	Juego 13 Jugar con el abecedario	Juego 13 Jugar con el abecedario	Juego 13 Jugar con el abecedario	Juego 13 Jugar con el abecedario
Juego 13 Jugar con el abecedario	Juego 13 Jugar con el abecedario	Juego 13 Jugar con el abecedario	Juego 13 Jugar con el abecedario	Juego 13 Jugar con el abecedario	Juego 13 Jugar con el abecedario	Juego 13 Jugar con el abecedario	Juego 13 Jugar con el abecedario	Juego 13 Jugar con el abecedario	Juego 13 Jugar con el abecedario
Juego 13 Jugar con el abecedario	Juego 13 Jugar con el abecedario	Juego 13 Jugar con el abecedario	Juego 13 Jugar con el abecedario	Juego 13 Jugar con el abecedario	Juego 13 Jugar con el abecedario	Juego 13 Jugar con el abecedario	Juego 13 Jugar con el abecedario	Juego 13 Jugar con el abecedario	Juego 13 Jugar con el abecedario
Juego 13 Jugar con el abecedario	Juego 13 Jugar con el abecedario	Juego 13 Jugar con el abecedario	Juego 13 Jugar con el abecedario	Juego 13 Jugar con el abecedario	Juego 13 Jugar con el abecedario	Juego 13 Jugar con el abecedario	Juego 13 Jugar con el abecedario	Juego 13 Jugar con el abecedario	Juego 13 Jugar con el abecedario

E	I	O	U	E	I	O	U
A	I	O	U	A	I	O	U
A	E	O	U	A	E	O	U
A	E	I	U	A	E	I	U
A	E	I	O	A	E	I	O
E	I	O	U	E	I	O	U
A	I	O	U	A	I	O	U
A	E	O	U	A	E	O	U
A	E	I	U	A	E	I	U
A	E	I	O	A	E	I	O

Juego 13 Jugar con el abecedario	Juego 13 Jugar con el abecedario	Juego 13 Jugar con el abecedario	Juego 13 Jugar con el abecedario	Juego 13 Jugar con el abecedario	Juego 13 Jugar con el abecedario	Juego 13 Jugar con el abecedario	Juego 13 Jugar con el abecedario	Juego 13 Jugar con el abecedario	Juego 13 Jugar con el abecedario
Juego 13 Jugar con el abecedario	Juego 13 Jugar con el abecedario	Juego 13 Jugar con el abecedario	Juego 13 Jugar con el abecedario	Juego 13 Jugar con el abecedario	Juego 13 Jugar con el abecedario	Juego 13 Jugar con el abecedario	Juego 13 Jugar con el abecedario	Juego 13 Jugar con el abecedario	Juego 13 Jugar con el abecedario
Juego 13 Jugar con el abecedario	Juego 13 Jugar con el abecedario	Juego 13 Jugar con el abecedario	Juego 13 Jugar con el abecedario	Juego 13 Jugar con el abecedario	Juego 13 Jugar con el abecedario	Juego 13 Jugar con el abecedario	Juego 13 Jugar con el abecedario	Juego 13 Jugar con el abecedario	Juego 13 Jugar con el abecedario
Juego 13 Jugar con el abecedario	Juego 13 Jugar con el abecedario	Juego 13 Jugar con el abecedario	Juego 13 Jugar con el abecedario	Juego 13 Jugar con el abecedario	Juego 13 Jugar con el abecedario	Juego 13 Jugar con el abecedario	Juego 13 Jugar con el abecedario	Juego 13 Jugar con el abecedario	Juego 13 Jugar con el abecedario
Juego 13 Jugar con el abecedario	Juego 13 Jugar con el abecedario	Juego 13 Jugar con el abecedario	Juego 13 Jugar con el abecedario	Juego 13 Jugar con el abecedario	Juego 13 Jugar con el abecedario	Juego 13 Jugar con el abecedario	Juego 13 Jugar con el abecedario	Juego 13 Jugar con el abecedario	Juego 13 Jugar con el abecedario
Juego 13 Jugar con el abecedario	Juego 13 Jugar con el abecedario	Juego 13 Jugar con el abecedario	Juego 13 Jugar con el abecedario	Juego 13 Jugar con el abecedario	Juego 13 Jugar con el abecedario	Juego 13 Jugar con el abecedario	Juego 13 Jugar con el abecedario	Juego 13 Jugar con el abecedario	Juego 13 Jugar con el abecedario
Juego 13 Jugar con el abecedario	Juego 13 Jugar con el abecedario	Juego 13 Jugar con el abecedario	Juego 13 Jugar con el abecedario	Juego 13 Jugar con el abecedario	Juego 13 Jugar con el abecedario	Juego 13 Jugar con el abecedario	Juego 13 Jugar con el abecedario	Juego 13 Jugar con el abecedario	Juego 13 Jugar con el abecedario
Juego 13 Jugar con el abecedario	Juego 13 Jugar con el abecedario	Juego 13 Jugar con el abecedario	Juego 13 Jugar con el abecedario	Juego 13 Jugar con el abecedario	Juego 13 Jugar con el abecedario	Juego 13 Jugar con el abecedario	Juego 13 Jugar con el abecedario	Juego 13 Jugar con el abecedario	Juego 13 Jugar con el abecedario

L	K	J	H	F	G	D	C
S	T	V	L	C	D	M	B
S	T	Ñ	P	R	T	P	Ñ
S	D	F	G	H	J	K	L
C	B	N	M	C	B	N	M
D	F	G	H	J	K	L	Ñ
S	Q	E	R	T	U	I	P
G	F	D	S	R	T	P	B
H	J	K	L	P	T	R	C
R	H	J	D	S	C	N	M

Juego 13 Jugar con el abecedario	Juego 13 Jugar con el abecedario	Juego 13 Jugar con el abecedario	Juego 13 Jugar con el abecedario	Juego 13 Jugar con el abecedario	Juego 13 Jugar con el abecedario	Juego 13 Jugar con el abecedario	Juego 13 Jugar con el abecedario	Juego 13 Jugar con el abecedario	Juego 13 Jugar con el abecedario
Juego 13 Jugar con el abecedario	Juego 13 Jugar con el abecedario	Juego 13 Jugar con el abecedario	Juego 13 Jugar con el abecedario	Juego 13 Jugar con el abecedario	Juego 13 Jugar con el abecedario	Juego 13 Jugar con el abecedario	Juego 13 Jugar con el abecedario	Juego 13 Jugar con el abecedario	Juego 13 Jugar con el abecedario
Juego 13 Jugar con el abecedario	Juego 13 Jugar con el abecedario	Juego 13 Jugar con el abecedario	Juego 13 Jugar con el abecedario	Juego 13 Jugar con el abecedario	Juego 13 Jugar con el abecedario	Juego 13 Jugar con el abecedario	Juego 13 Jugar con el abecedario	Juego 13 Jugar con el abecedario	Juego 13 Jugar con el abecedario
Juego 13 Jugar con el abecedario	Juego 13 Jugar con el abecedario	Juego 13 Jugar con el abecedario	Juego 13 Jugar con el abecedario	Juego 13 Jugar con el abecedario	Juego 13 Jugar con el abecedario	Juego 13 Jugar con el abecedario	Juego 13 Jugar con el abecedario	Juego 13 Jugar con el abecedario	Juego 13 Jugar con el abecedario
Juego 13 Jugar con el abecedario	Juego 13 Jugar con el abecedario	Juego 13 Jugar con el abecedario	Juego 13 Jugar con el abecedario	Juego 13 Jugar con el abecedario	Juego 13 Jugar con el abecedario	Juego 13 Jugar con el abecedario	Juego 13 Jugar con el abecedario	Juego 13 Jugar con el abecedario	Juego 13 Jugar con el abecedario
Juego 13 Jugar con el abecedario	Juego 13 Jugar con el abecedario	Juego 13 Jugar con el abecedario	Juego 13 Jugar con el abecedario	Juego 13 Jugar con el abecedario	Juego 13 Jugar con el abecedario	Juego 13 Jugar con el abecedario	Juego 13 Jugar con el abecedario	Juego 13 Jugar con el abecedario	Juego 13 Jugar con el abecedario
Juego 13 Jugar con el abecedario	Juego 13 Jugar con el abecedario	Juego 13 Jugar con el abecedario	Juego 13 Jugar con el abecedario	Juego 13 Jugar con el abecedario	Juego 13 Jugar con el abecedario	Juego 13 Jugar con el abecedario	Juego 13 Jugar con el abecedario	Juego 13 Jugar con el abecedario	Juego 13 Jugar con el abecedario
Juego 13 Jugar con el abecedario	Juego 13 Jugar con el abecedario	Juego 13 Jugar con el abecedario	Juego 13 Jugar con el abecedario	Juego 13 Jugar con el abecedario	Juego 13 Jugar con el abecedario	Juego 13 Jugar con el abecedario	Juego 13 Jugar con el abecedario	Juego 13 Jugar con el abecedario	Juego 13 Jugar con el abecedario

Juego **14**

Propietarios y posesiones

Tarjetas

Niveles: de A1 a B1.

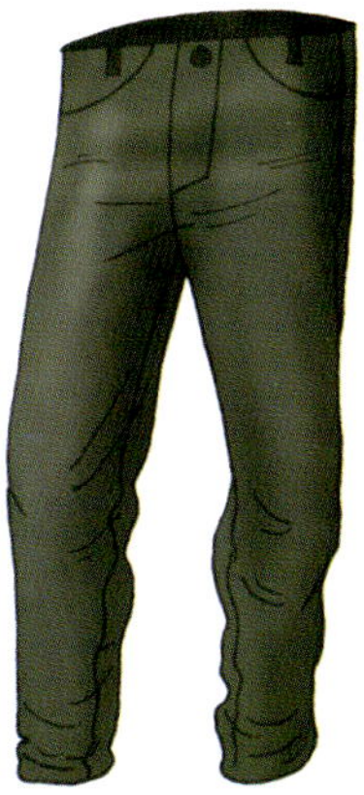

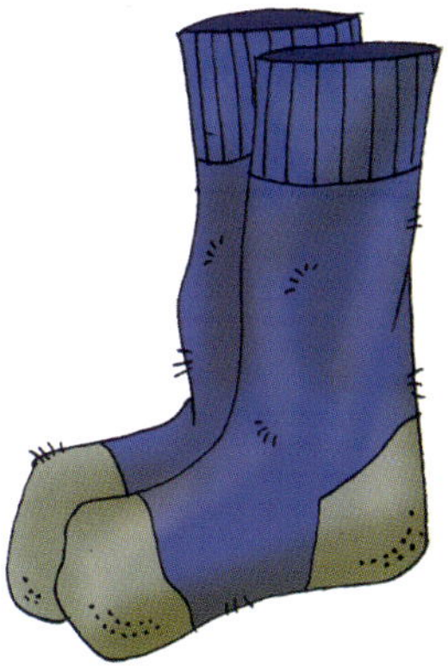

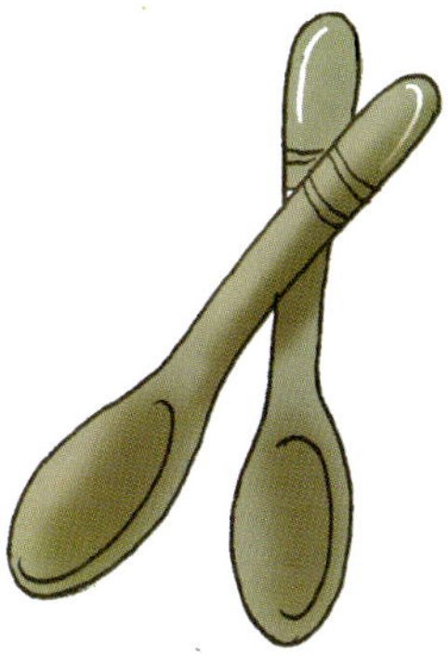

Juego 14
Propietarios y posesiones

Juego 14
Propietarios y posesiones

Juego 14
Propietarios y posesiones

Juego 14
Propietarios y posesiones

Juego 14
Propietarios y posesiones

Juego 14
Propietarios y posesiones

Juego 14
Propietarios y posesiones

Juego 14
Propietarios y posesiones

Juego 14
Propietarios y posesiones

Juego 14
Propietarios y posesiones

Juego 14
Propietarios y posesiones

Juego 14
Propietarios y posesiones

Juego **14**

Propietarios y posesiones

Tarjetas

Niveles: de A1 a B1.

Yo

Tú

Mi hermano

Los estudiantes de esta clase

Vosotros

Mi familia

Yo

Tú

Mi vecina

Nosotros

Vosotras

Mis amigos

Juego 14
Propietarios y posesiones

Juego 14
Propietarios y posesiones

Juego 14
Propietarios y posesiones

Juego 14
Propietarios y posesiones

Juego 14
Propietarios y posesiones

Juego 14
Propietarios y posesiones

Juego 14
Propietarios y posesiones

Juego 14
Propietarios y posesiones

Juego 14
Propietarios y posesiones

Juego 14
Propietarios y posesiones

Juego 14
Propietarios y posesiones

Juego 14
Propietarios y posesiones

CUELLO	PIERNA	LENGUA
CODO	RODILLA	OJOS
NARIZ	TOBILLO	HOMBRO
OREJAS	NALGA	ESPALDA

Juego 15
Un crucigrama

Juego 15
Un crucigrama

Juego 15
Un crucigrama

Juego 15
Un crucigrama

Juego 15
Un crucigrama

Juego 15
Un crucigrama

Juego 15
Un crucigrama

Juego 15
Un crucigrama

Juego 15
Un crucigrama

Juego 15
Un crucigrama

Juego 15
Un crucigrama

Juego 15
Un crucigrama

DEDO	PIE	BRAZO
PECHO	LABIOS	CEJA
OMBLIGO	MUSLO	PESTAÑA
UÑA	DIENTE	CINTURA

Juego 15
Un crucigrama

Juego 15
Un crucigrama

Juego 15
Un crucigrama

Juego 15
Un crucigrama

Juego 15
Un crucigrama

Juego 15
Un crucigrama

Juego 15
Un crucigrama

Juego 15
Un crucigrama

Juego 15
Un crucigrama

Juego 15
Un crucigrama

Juego 15
Un crucigrama

Juego 15
Un crucigrama

COMEDOR	SALÓN	COCINA
GARAJE	JARDÍN	BAÑO
RECIBIDOR	DORMITORIO	PASILLO
TERRAZA	TRASTERO	DESPACHO

Juego 15
Un crucigrama

Juego 15
Un crucigrama

Juego 15
Un crucigrama

Juego 15
Un crucigrama

Juego 15
Un crucigrama

Juego 15
Un crucigrama

Juego 15
Un crucigrama

Juego 15
Un crucigrama

Juego 15
Un crucigrama

Juego 15
Un crucigrama

Juego 15
Un crucigrama

Juego 15
Un crucigrama

Juego 15
Un crucigrama

Un crucigrama

Nivel: a partir de A1.

Juego 15
Un crucigrama

Juego 15
Un crucigrama

Juego 15
Un crucigrama

Juego 15
Un crucigrama

Juego 15
Un crucigrama

Juego 15
Un crucigrama

Juego 15
Un crucigrama

Juego 15
Un crucigrama

Juego 15
Un crucigrama

Juego 15
Un crucigrama

Juego 15
Un crucigrama

Juego 15
Un crucigrama

Juego 15 Un crucigrama

Definiciones:

1. ....
2. ....
3. ....
4. ....
5. ....
6. ....
7. ....
8. ....
9. ....
10. ....
11. ....
12. ....

Juego 15
Un crucigrama

Se puede o no se puede

Se puede Soy una persona muy ordenada y puntual. Me gusta comer siempre a la misma hora y necesito mucho silencio para poder dormir. No se puede	Se puede No se puede
Se puede No se puede	Se puede No se puede
Se puede No se puede	Se puede No se puede
Se puede No se puede	Se puede No se puede
Se puede No se puede	Se puede No se puede

Juego 18
Se puede o no se puede

Juego 18
Se puede o no se puede

Juego 18
Se puede o no se puede

Juego 18
Se puede o no se puede

Juego 18
Se puede o no se puede

Juego 18
Se puede o no se puede

Juego 18
Se puede o no se puede

Juego 18
Se puede o no se puede

Juego 18
Se puede o no se puede

Juego 18
Se puede o no se puede

A vueltas con las preposiciones

VER
- .... la televisión.
- .... Juan.
- .... tus propios ojos.

2

PARTICIPAR
- .... todas las competiciones.

14

RECORDAR
- .... los mejores momentos de tu vida.
- .... Laura.

28

CAMBIAR
- .... profesora.
- pesos .... euros.

3

No te veo...
- .... el martes (origen).
- .... un mes (origen).
- .... el año pasado (origen).
- .... un año (origen).

15

- ¡.............. mañana! (Te veo mañana).

31

PENSAR
- .... tu novio/a.

4

LLEGAR
- .... la nueva escuela (destino).
- .... España (origen).

18

ACORDARSE
- .... la cita.
- .... Pedro.

33

ESTUDIAR
- .... la escuela.
- .... cuatro años.

7

DARSE CUENTA
- .... la situación.

20

SER
- .... Italia (origen).

35

TE VEO...
- .... el martes.
- .... enero.
- .... el año que viene.
- .... 2008.

8

SALIR
- .... casa (origen).
- .... la ventana (a través de).
- .... cenar.

22

ESTAR
- .... estudiando.
- .... vacaciones.
- .... casa.
- .... salir (a punto de).
- .... el centro (lugar aproximado).
- .... María.
- .... dinero/.............. blanca.
- .... las narices.
- .... las duras y .... las maduras.

37

BEBER
- .... un vaso de agua.
- .... tus amigos.
- .... la saciedad.

9

Volveré...
- .... el 15 de diciembre (día exacto).
- .... el 15 de diciembre (antes o, como máximo, el mismo día 15).
- .... el 15 de diciembre (día aproximado; antes o después).

23

HABLAR
- .... Juan.

11

QUEDARSE
- .... casa.
- .... salir.
- .... todo el dinero.

25

IR
- .... andando.
- .... pie/ .... caballo.
- .... coche.
- .... Inés.
- .... casa (en dirección a).
- .... casa (en dirección a).
- .... casa (en dirección a).
- .... casa (final).
- .... casa (origen).
- .... el parque (estás en el parque).

38

CONFIAR
- .... Pedro.
- .... el futuro.

12

QUEDAR
- .... Pepe.
- .... la puerta del cine.
- .... las 17:00.
- .... mañana. (Te veo mañana).

26

Juego 19
A vueltas con
las preposiciones

Juego 19
A vueltas con
las preposiciones

Juego 19
A vueltas con
las preposiciones

Juego 19
A vueltas con
las preposiciones

Juego 19
A vueltas con
las preposiciones

Juego 19
A vueltas con
las preposiciones

Juego 19
A vueltas con
las preposiciones

Juego 19
A vueltas con
las preposiciones

Juego 19
A vueltas con
las preposiciones

Juego 19
A vueltas con
las preposiciones

Juego 19
A vueltas con
las preposiciones

Juego 19
A vueltas con
las preposiciones

Juego 19
A vueltas con
las preposiciones

Juego 19
A vueltas con
las preposiciones

Juego 19
A vueltas con
las preposiciones

Juego 19
A vueltas con
las preposiciones

Juego 19
A vueltas con
las preposiciones

Juego 19
A vueltas con
las preposiciones

Juego 19
A vueltas con
las preposiciones

Juego 19
A vueltas con
las preposiciones

Juego 19
A vueltas con
las preposiciones

Juego 19
A vueltas con
las preposiciones

85	10	80
1/2	2x3	18h
22	10^n	12,66

100	7	1/8
17h	42°	150g
1	90‰	5

5	375g	40
1962	25%	12′
20000000	2.°	1/2

15	25%	750g
17h	2.°	1/8
1	2x3	4.ª

1/4	IX	750g
22	12,66	42°
8	$5m^3$	3′

90‰	100	125g
40	85	17h
22	1/2	12′

4	24.°	1
2x3	750g	30:2
3/8	35′	7

15	8	7,5
18^5	90	$70\ m^2$
4.ª	100	1/4

1/4	IX	8,5
3′	1	17h
$5m^3$	-2°	1/3

Juego 21
Va de números

Juego 21
Va de números

Juego 21
Va de números

Juego 21
Va de números

Juego 21
Va de números

Juego 21
Va de números

Juego 21
Va de números

Juego 21
Va de números

Juego 21
Va de números

Juego 22

Qué hay y donde está

Tarjetas

Niveles: de A1 a B1.

Juego 22

Qué hay y dónde está

Juego 22

Juego 22
Qué hay y dónde está

Juego 22
Qué hay y dónde está

Juego 22

Juego 22

Juego 22

Juego 22
Qué hay y dónde está

Juego 22

Juego 22
Qué hay y dónde está

Juego 22

Juego 22

Juego 22
Qué hay y dónde está

Juego 22

Juego 22
Qué hay y dónde está

Juego 22

Juego 22

Juego 22
Qué hay y dónde está

Juego **22**
Qué hay y donde está

Tarjetas
Niveles: de A1 a B1.

Juego 22
Qué hay y dónde está

Juego 22
Qué hay y dónde está

Juego 22
Qué hay y dónde está

Juego 22
Qué hay y dónde está

Juego 22

Juego 22
Qué hay y dónde está

Juego 22

Juego 22
Qué hay y dónde está

Juego 22

Juego 22
Qué hay y dónde está

Juego 22
Qué hay y dónde está

Juego 22

Juego 22

Juego 22

El tiempo

Las personas

Los transportes

La ciudad

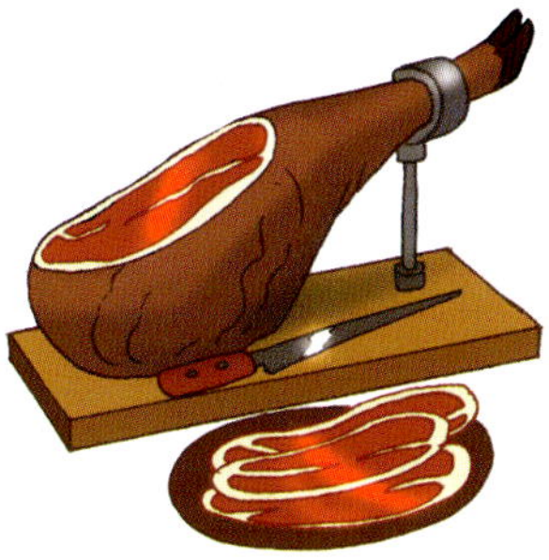

La comida

Los gestos y los sonidos

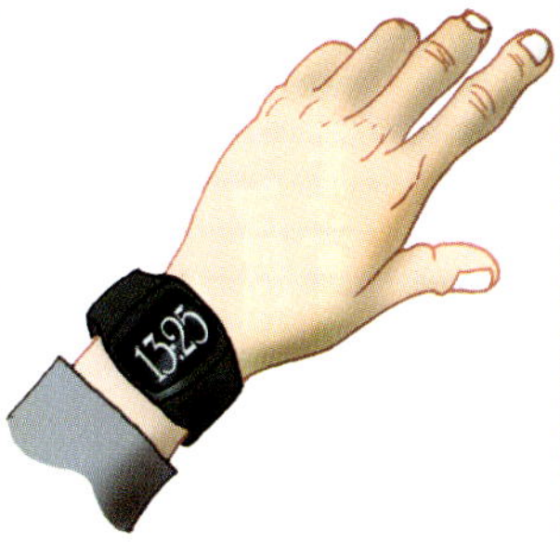

Los horarios

Ropa y complementos

Ocio y tiempo libre

La vivienda

Los medios de comunicación

Lugares

Juego 23
Hablemos de...

Juego 23
Hablemos de...

Juego 23
Hablemos de...

Juego 23
Hablemos de...

Juego 23
Hablemos de...

Juego 23
Hablemos de...

Juego 23
Hablemos de...

Juego 23
Hablemos de...

Juego 23
Hablemos de...

Juego 23
Hablemos de...

Juego 23
Hablemos de...

Juego 23
Hablemos de...

Juego 23
Hablemos de...

Juego 23
Hablemos de...

Juego 23
Hablemos de...

Juego 23
Hablemos de...

Juego 23
Hablemos de...

Juego 23
Hablemos de...

Juego 23
Hablemos de...

Juego 23
Hablemos de...

Juego 23
Hablemos de...

Juego 23
Hablemos de...

Juego 23
Hablemos de...

Juego 23
Hablemos de...

Juego 26
Cuéntame...

Juego 26
Cuéntame...

Juego 26
Cuéntame...

Juego 26
Cuéntame...

Juego 26
Cuéntame...

Juego 26
Cuéntame...

Juego 26
Cuéntame...

Juego 26
Cuéntame...

Juego 26
Cuéntame...

Juego 26
Cuéntame...

Juego 26
Cuéntame...

Juego 26
Cuéntame...

Juego 26
Cuéntame...

Juego 26
Cuéntame...

Juego 26
Cuéntame...

Juego 26
Cuéntame...

1 ¿Cada cuánto...	1 ¿Cada cuánto...	1 ¿Cada cuánto...	1 ¿Cada cuánto...
2 ¿Cuándo fue la primera vez que...	2 ¿Cuándo fue la primera vez que...	2 ¿Cuándo fue la primera vez que...	2 ¿Cuándo fue la primera vez que...
1 ¿Cada cuánto...	1 ¿Cada cuánto...	1 ¿Cada cuánto...	1 ¿Cada cuánto...
2 ¿Cuándo fue la primera vez que...	2 ¿Cuándo fue la primera vez que...	2 ¿Cuándo fue la primera vez que...	2 ¿Cuándo fue la primera vez que...

...vas al cine?	...estudias español?	...sales de fiesta?	...sales a cenar?
...hiciste un viaje al extranjero?	...fuiste a una discoteca?	...te quedaste toda la noche sin dormir?	...tuviste una entrevista de trabajo?
...quedas con tus amigos?	...haces deporte?	...vas de compras?	...duermes la siesta?
...viajaste sin tus padres?	...fuiste a un concierto?	...condujiste?	...diste un beso apasionado a alguien?

Juego 26 Cuéntame...

Tarjetas
Nivel: a partir de A2.

3 ¿Qué prefieres:...	3 ¿Qué prefieres:...	3 ¿Qué prefieres:...	3 ¿Qué prefieres:...
4 Uno/a de los/las mejores...	4 Uno/a de los/las mejores...	4 Uno/a de los/las mejores...	4 Uno/a de los/las mejores...
3 ¿Qué prefieres:...	3 ¿Qué prefieres:...	3 ¿Qué prefieres:...	3 ¿Qué prefieres:...
4 Uno/a de los/las mejores...	4 Uno/a de los/las mejores...	4 Uno/a de los/las mejores...	4 Uno/a de los/las mejores...

...el té o el café?	...el mar o la montaña?	...el blanco o el negro?	...el correo electrónico o el tradicional?
libros...	películas...	canciones...	ciudades...
...el día o la noche?	...el invierno o el verano?	...la carne o el pescado?	...viajar con tu novio/a o con tus amigos?
platos/ comidas...	actores...	bares/ restaurantes de tu ciudad...	viajes...

Juego **27**

Al teléfono

Tarjetas

Nivel: a partir de A2.

Equipo A 1	Equipo A 2	Equipo A 3
Equipo A 4	Equipo A 5	Equipo A 6
Equipo B 1	Equipo B 2	Equipo B 3
Equipo B 4	Equipo B 5	Equipo B 6

Eres la secretaria de una escuela de español para extranjeros. Va a llamarte un posible cliente, así que tienes que ser muy amable con él e informarle de horarios, precios, actividades de la escuela, clases particulares... No hay apartamentos libres ni posibilidad de alojarse en ninguna familia, pero facilitas al alumno el teléfono de un hotel donde alojarse hasta que encuentre un apartamento donde pasar el mes. Despídete.

Eres el/la mejor amigo/a de la persona que va a llamarte. No estás en casa y has puesto el contestador automático. Tienes que reproducir el mensaje del contestador y tomar notas del mensaje que deja la persona que llama.

Trabajas en una agencia de viajes. Vas a recibir una llamada de un cliente que quiere comprar un billete para ir a España. Infórmale de las posibilidades que tiene para viajar (tren, avión, autocar, barco), así como de los precios y descuentos especiales. A la hora de vender el billete, pídele sus datos personales (nombre, apellidos, fecha de nacimiento, número de teléfono y número de su tarjeta de crédito). Despídete.

Eres un miembro de la familia de la persona que va a llamarte. Pregúntale qué tal está, cómo va todo, qué ha hecho en España, a qué sitios ha ido, etc. Despídete.

Vives en un piso compartido en el que hay una habitación libre que el propietario quiere alquilar. Tú eres la persona que tiene que hacer las entrevistas personales. También tienes que enseñar la habitación y explicar las condiciones por teléfono. Queda con tu posible compañero/a de piso para que vea la habitación. Despídete.

Eres el recepcionista de un hotel. Tienes que informar de los precios de las habitaciones, así como de los de la media pensión y la pensión completa. Para la reserva, necesitas los datos personales del cliente (nombre, apellidos, fecha de nacimiento, número de pasaporte, número de teléfono y número de tarjeta de crédito). Despídete.

Vas a estudiar español en una escuela (tú decides la ciudad) y tienes que llamar para informarte de los horarios y precios. También quieres saber: 1) si hay excursiones a otras ciudades cercanas, visitas a museos, salidas nocturnas, etc. 2) si hay posibilidad de recibir clases particulares en la propia escuela y cuánto cuestan. 3) si hay prueba de nivel antes del inicio de las clases y a qué hora es. 4) si hay posibilidad de alojarse en una familia o en un apartamento de la escuela. Te inscribes porque te gustan las condiciones. Despídete.

Llamas a tu mejor amigo/a para decirle que te vas a España a estudiar durante tres meses. Quieres saber si va a querer algo de allí o le gustaría hacerte una visita. ¡Sería genial! Estás muy contento/a. Como no está en casa le dejas el mensaje en el contestador automático y te despides.

Quieres estudiar español en España durante los meses de junio, julio y agosto. Tienes que prepararlo todo, empezando por el viaje. Llama a una agencia de viajes y compra el billete de avión, de tren, de barco o de autocar. Tienes que preguntar precios (si hay ofertas o descuentos especiales por ser estudiante, etc.), horarios y compañía con la que viajas. Toma nota de la información que te da la persona de la agencia. Después decide la hora y el día de tu viaje (ida y vuelta). Despídete.

¡Ya has encontrado el apartamento! ¡También has empezado las clases! Y has conocido a mucha gente, has salido de fiesta... ¡Llama a alguien de tu familia y cuéntaselo todo! Despídete.

Ya estás en el hotel. Has comprado el periódico y hay un anuncio muy interesante de una habitación compartida en un apartamento. Quieres saber: precio de la habitación y si los gastos están incluidos, zona, quién vive en el apartamento, cómo es el apartamento y la habitación, si hay teléfono o no... Queda con la persona que está al teléfono para ver la habitación. Despídete.

Llamas al número del hotel que te han dado en la escuela. Preguntas los precios de las habitaciones individuales. Quieres saber si el desayuno está incluido. También quieres saber los precios de la pensión completa y de la media pensión. Reservas tu habitación para unos días, mientras buscas apartamento. Despídete.

Viaje de fin de semana. Una familia con niños. Actividades tranquilas: playa, televisión, parque infantil… Al padre le gusta mucho la televisión, quiere ver un partido de fútbol muy importante. No tenéis mucho dinero. Tenéis coche pero no muy grande. A la madre no le gusta salir del hotel, pero a los niños les gusta ver animales y especialmente ir a la montaña en bicicleta. Al padre le gusta la buena comida. A la madre le gusta la tranquilidad y acostarse temprano.

TELÉFONO HOTEL	PRECIO HABITACIÓN	SUPLEMENTOS	OTROS PRECIOS	SERVICIOS QUE SE OFRECEN	CARACTERÍSTICAS (situación, estrellas, etc.).
Villa María 958 72 84 56	Doble: .... Individual:				
Costa Tropical 958 48 22 70	Doble: .... Individual:				
El Cortijo 958 57 72 31	Doble: .... Individual:				

Viaje de fin de semana pero también puede ser de una semana. Una pareja, con bastante poder adquisitivo. No tenéis niños. Os gustan las actividades exclusivas y el buen servicio, podéis pagar precios altos. La comida es importante, no os interesa mucho la televisión. Os gusta el lujo y la puntualidad. Sois exigentes, modernos y muy activos. Os gusta la vida nocturna y selecta.

TELÉFONO HOTEL	PRECIO HABITACIÓN	SUPLEMENTOS	OTROS PRECIOS	SERVICIOS QUE SE OFRECEN	CARACTERÍSTICAS (situación, estrellas, etc.).
Villa María 958 72 84 56	Doble: .... Individual:				
Costa Tropical 958 48 22 70	Doble: .... Individual:				
El Cortijo 958 57 72 31	Doble: .... Individual:				

Juego 29
Tres hoteles

Juego 29
Tres hoteles

Tres hoteles

Una pareja de estudiantes con poco dinero. Un viaje de fin de semana o quizá cuatro días, pero no más, tenéis un examen el jueves. Os gustan las actividades al aire libre y los deportes de mar y de montaña. No os gustan los niños. Para vosotros la comida regional no es importante, pero sí el ambiente: tenéis ganas de conocer gente nueva, os gusta la vida nocturna pero no muy cara.

TELÉFONO HOTEL	PRECIO HABITACIÓN	SUPLEMENTOS	OTROS PRECIOS	SERVICIOS QUE SE OFRECEN	CARACTERÍSTICAS (situación, estrellas, etc.).
Villa María 958 72 84 56	Doble: .... Individual:				
Costa Tropical 958 48 22 70	Doble: .... Individual:				
El Cortijo 958 57 72 31	Doble: .... Individual:				

Un grupo de amigas con no mucho dinero. Un viaje de fin de semana o quizá cuatro días. Os gustan las actividades al aire libre y los deportes de mar y de montaña. No os gustan los niños, pero sí la comida regional. Buscáis tranquilidad y buen servicio, amabilidad y habitaciones confortables.

TELÉFONO HOTEL	PRECIO HABITACIÓN	SUPLEMENTOS	OTROS PRECIOS	SERVICIOS QUE SE OFRECEN	CARACTERÍSTICAS (situación, estrellas, etc.).
Villa María 958 72 84 56	Doble: .... Individual:				
Costa Tropical 958 48 22 70	Doble: .... Individual:				
El Cortijo 958 57 72 31	Doble: .... Individual:				

Juego 29
Tres hoteles

Juego 29
Tres hoteles

Hoy nos vamos de compras

A

Tu mejor amigo/a se casa y eres el/la testigo de boda. Tienes que comprarte un vestido o traje y complementos (zapatos, corbata, pañuelo, pendientes...) apropiados para la ocasión.

A

Tienes una cita y quieres estrenar algo.

a. Si eres hombre: estás indeciso entre una camisa, un polo, unos pantalones...

b. Si eres mujer: estás indecisa entre un vestido, una minifalda o una blusa sin mangas.

A

El lunes tienes una entrevista de trabajo muy importante. Necesitas comprarte ropa formal, pero sin exagerar:

a. Si eres hombre, tus opciones de compra son: pantalones grises, camisa a juego, corbata, vaqueros, un polo...

b. Si eres mujer: estás indecisa entre traje pantalón o falda, falda larga y blusa...

A

Es el cumpleaños de tu amiga y quieres comprarle un regalo. Tienes que tener en cuenta que:

a. A tu amiga le encantan los bolsos y la bisutería.

b. Le encanta la música hispana, el pop y el rock, pero no le gusta el rap.

A

Tu prima ha tenido una niña. Como todo el mundo piensa solo en la pequeña, tú decides ser original y comprarle un regalo a la madre.

A

Son las bodas de plata de tus padres y no sabes qué regalarles:

a. A tus padres les encanta la música clásica.

b. Les encanta viajar y la música en vivo.

B

- Estoy buscando...
- ¿Puedo probarme...?
- ¿Tiene uno de estos pero en otro color?
- ¿Dónde están los probadores?
- ¿Aceptan tarjeta de crédito?
- Si no le gusta, ¿se puede cambiar?
- Uff, no lo sé.
- No me convence.
- Me daré otra vuelta.
- Me lo voy a pensar.

C

- Te queda(n) bien/genial.
- No, estos/as no.
- No, no te queda(n) bien.
- Yo que tú...
- ¿Tiene uno de estos pero en la talla...?
- Mira estos..., ¿qué te parecen?

Juego 30
Hoy nos vamos de compras

Juego 30
Hoy nos vamos de compras

Juego 30
Hoy nos vamos de compras

Juego 30
Hoy nos vamos de compras

Juego 30
Hoy nos vamos de compras

Juego 30
Hoy nos vamos de compras

Juego 30
Hoy nos vamos de compras

Juego 30
Hoy nos vamos de compras

D

Tienda de ropa
SARA

- No les quedan pantalones grises, ni chaquetas a juego.
- Están de oferta las camisas de manga larga.
- No se aceptan cambios sin el tique de compra. Los cambios no se efectúan los sábados.

D

Zapatería
SAMPER

- No les quedan zapatos negros de cordones para hombre.
- Están de moda las sandalias, tanto de mujer como de hombre.

D

Tienda de complementos
LA PEINETA

- Todos los artículos tienen un descuento de un 20%.
- No tienen ni pañuelos ni corbatas.

D

Tienda de discos
LA TECLA

- Promoción del nuevo disco de Enrique Iglesias y Pitbull.
- Venta de entradas de todo tipo de conciertos.

E

- No, no nos quedan.
- Los probadores están al fondo a la derecha.
- ¿Cómo le quedan?
- Nos tiene que llegar la próxima semana.
- ¿Va a pagar en efectivo o con tarjeta?
- No se preocupe.

E

- No, no nos quedan.
- Los probadores están al fondo a la derecha.
- ¿Cómo le quedan?
- Nos tiene que llegar la próxima semana.
- ¿Va a pagar en efectivo o con tarjeta?
- No se preocupe.

E

- No, no nos quedan.
- Los probadores están al fondo a la derecha.
- ¿Cómo le quedan?
- Nos tiene que llegar la próxima semana.
- ¿Va a pagar en efectivo o con tarjeta?
- No se preocupe.

E

- No, no nos quedan.
- Los probadores están al fondo a la derecha.
- ¿Cómo le quedan?
- Nos tiene que llegar la próxima semana.
- ¿Va a pagar en efectivo o con tarjeta?
- No se preocupe.

Juego 30
Hoy nos vamos de compras

Juego 30
Hoy nos vamos de compras

Juego 30
Hoy nos vamos de compras

Juego 30
Hoy nos vamos de compras

Juego 30
Hoy nos vamos de compras

Juego 30
Hoy nos vamos de compras

Juego 30
Hoy nos vamos de compras

Juego 30
Hoy nos vamos de compras

Juego 30

Hoy nos vamos de compras

Tarjetas

Nivel: a partir de A2.

Juego 30

Juego 30

Juego 30

Juego 30

Juego 30

Juego 30

Juego 30

Juego 30

Juego 30

Juego 30

Juego 30

Juego 30

Juego 30

Juego 30

Juego 30

Juego 30

Juego 30

Juego 30

Hoy nos vamos de compras

Tarjetas

Nivel: a partir de A2.

Juego 30

Juego 30
Juego 30
Juego 30
Juego 30
Juego 30
Juego 30
Juego 30
Juego 30
Juego 30
Juego 30
Juego 30
Juego 30
Juego 30
Juego 30
Juego 30
Juego 30
Juego 30
Juego 30
Juego 30
Juego 30
Juego 30

Juego **30**

Hoy nos vamos de compras

Tarjetas

Nivel: a partir de A2.

5 EURO
BCE ECB EZB EKT EKP 2001
10 EURO
BCE ECB EZB EKT EKP 2001
20 EURO
BCE ECB EZB EKT EKP 2001
50 EURO
BCE ECB EZB EKT EKP 2002
1909 462
MasterCard

ZAPATERÍA SAMPER
CLAR

MODA SARA

Juego 30
Hoy nos vamos de compras

Juego 30
Hoy nos vamos de compras

LA PEINETA

LA TECLA
LA TECLA
MÚSICA

Juego 30
Hoy nos vamos de compras

Juego 30
Hoy nos vamos de compras

Hoy nos vamos de compras

Tarjetas

Nivel: a partir de A2.

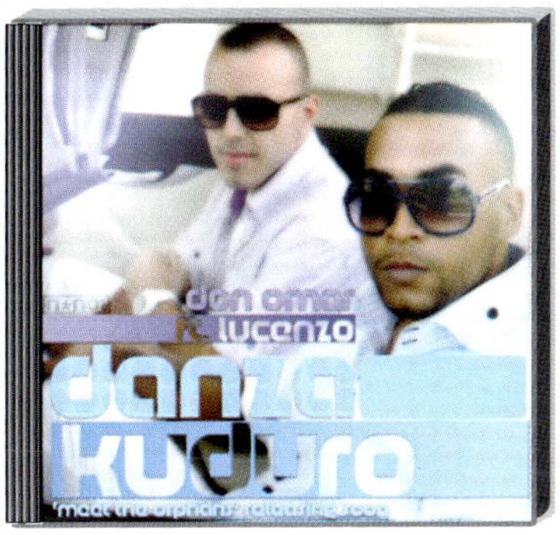

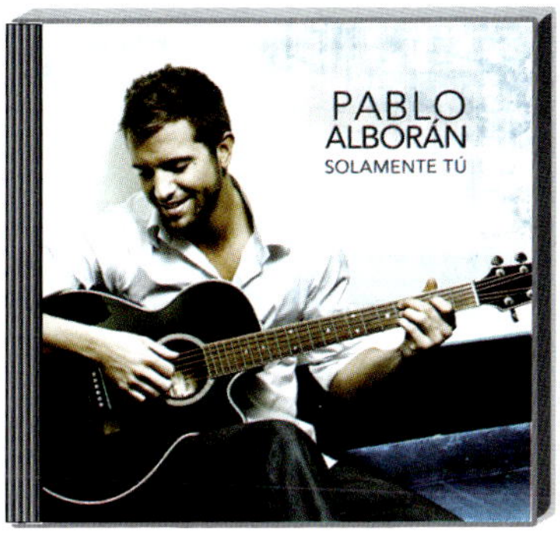

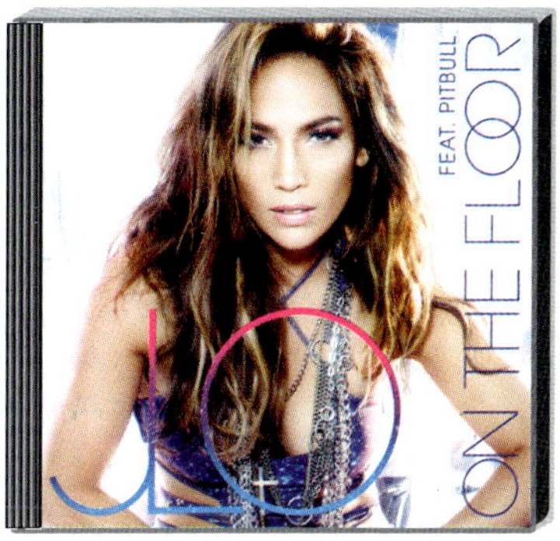

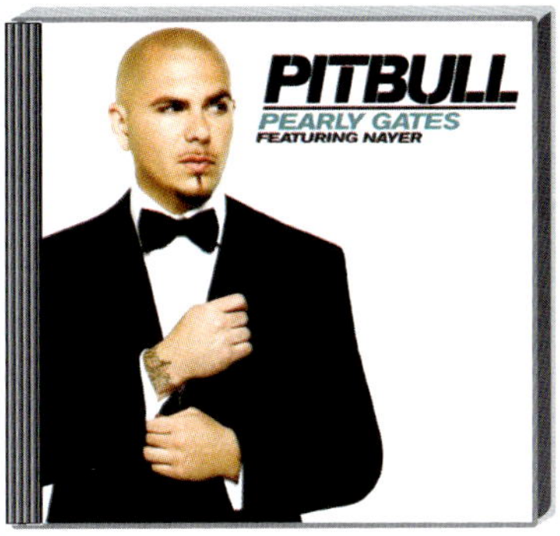

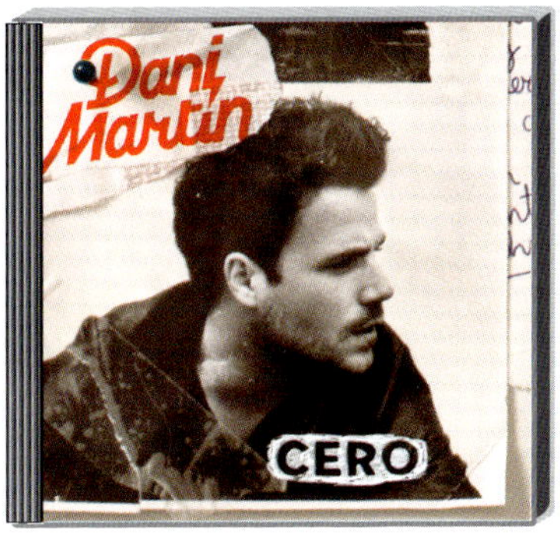

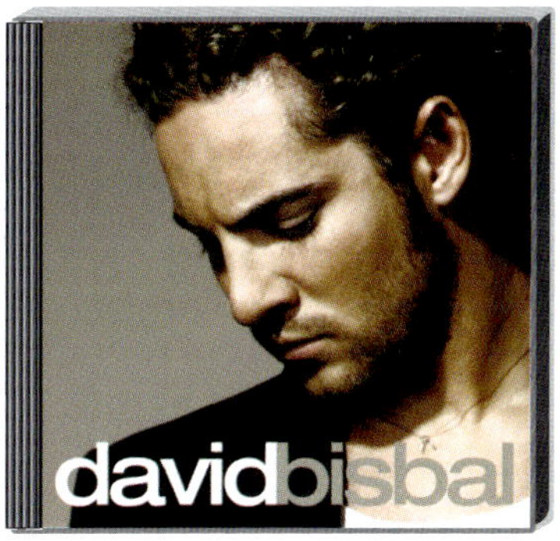

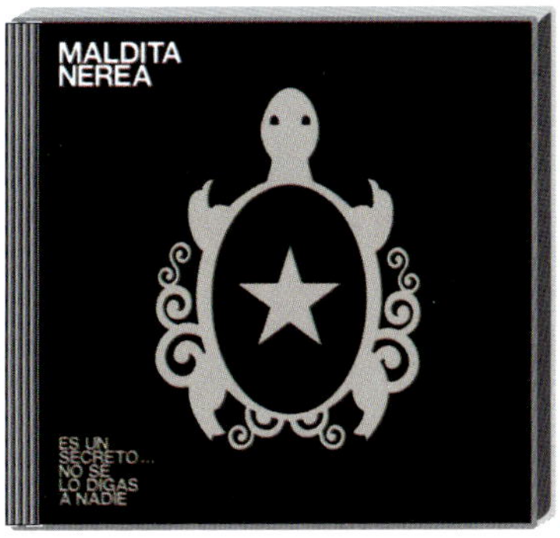

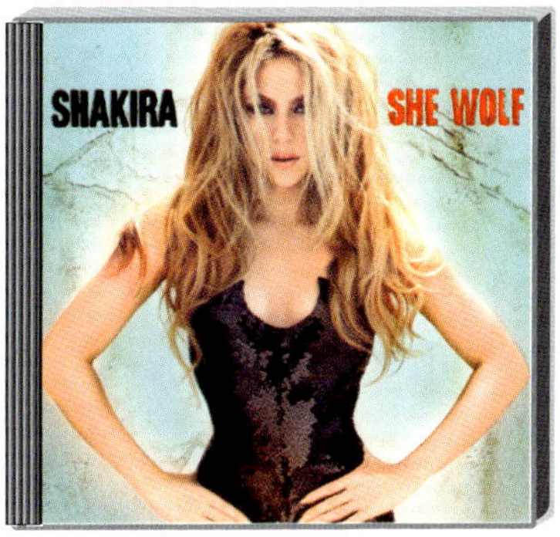

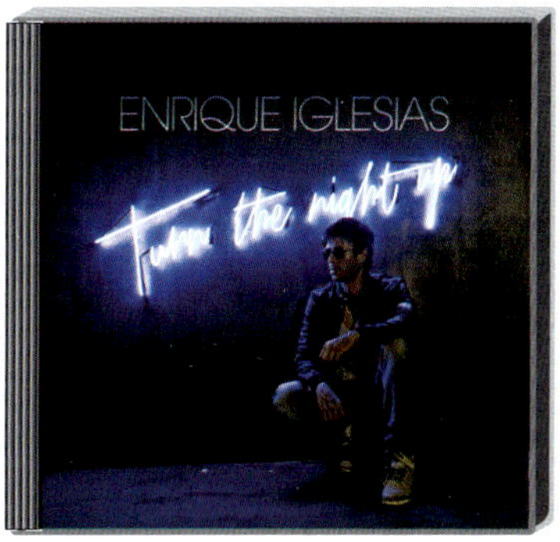

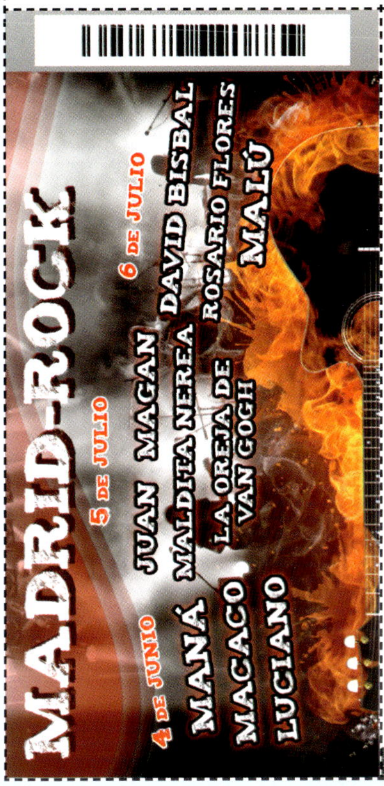

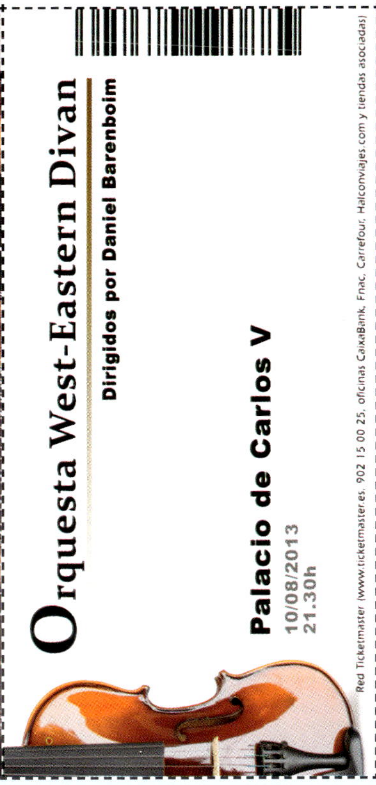

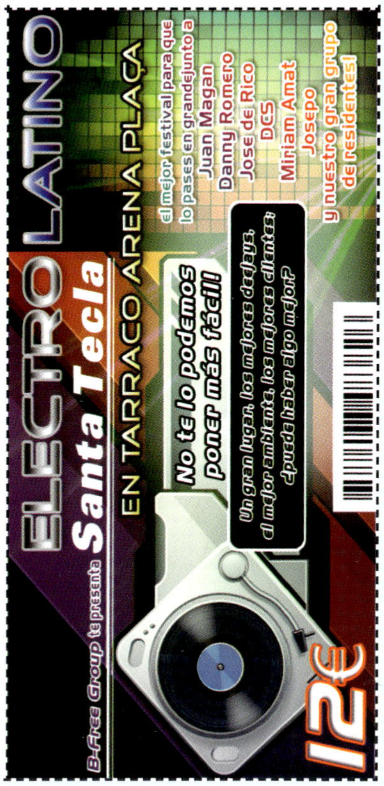

Juego 30
Hoy nos vamos de compras

Juego 30
Hoy nos vamos de compras

Juego 30
Hoy nos vamos de compras

Juego 30
Hoy nos vamos de compras

Juego 30
Hoy nos vamos de compras

Juego 30
Hoy nos vamos de compras

Juego 30
Hoy nos vamos de compras

Juego 30
Hoy nos vamos de compras

Juego 30
Hoy nos vamos de compras

Juego 30
Hoy nos vamos de compras

Juego 30
Hoy nos vamos de compras

Juego 30
Hoy nos vamos de compras

Dado recortable

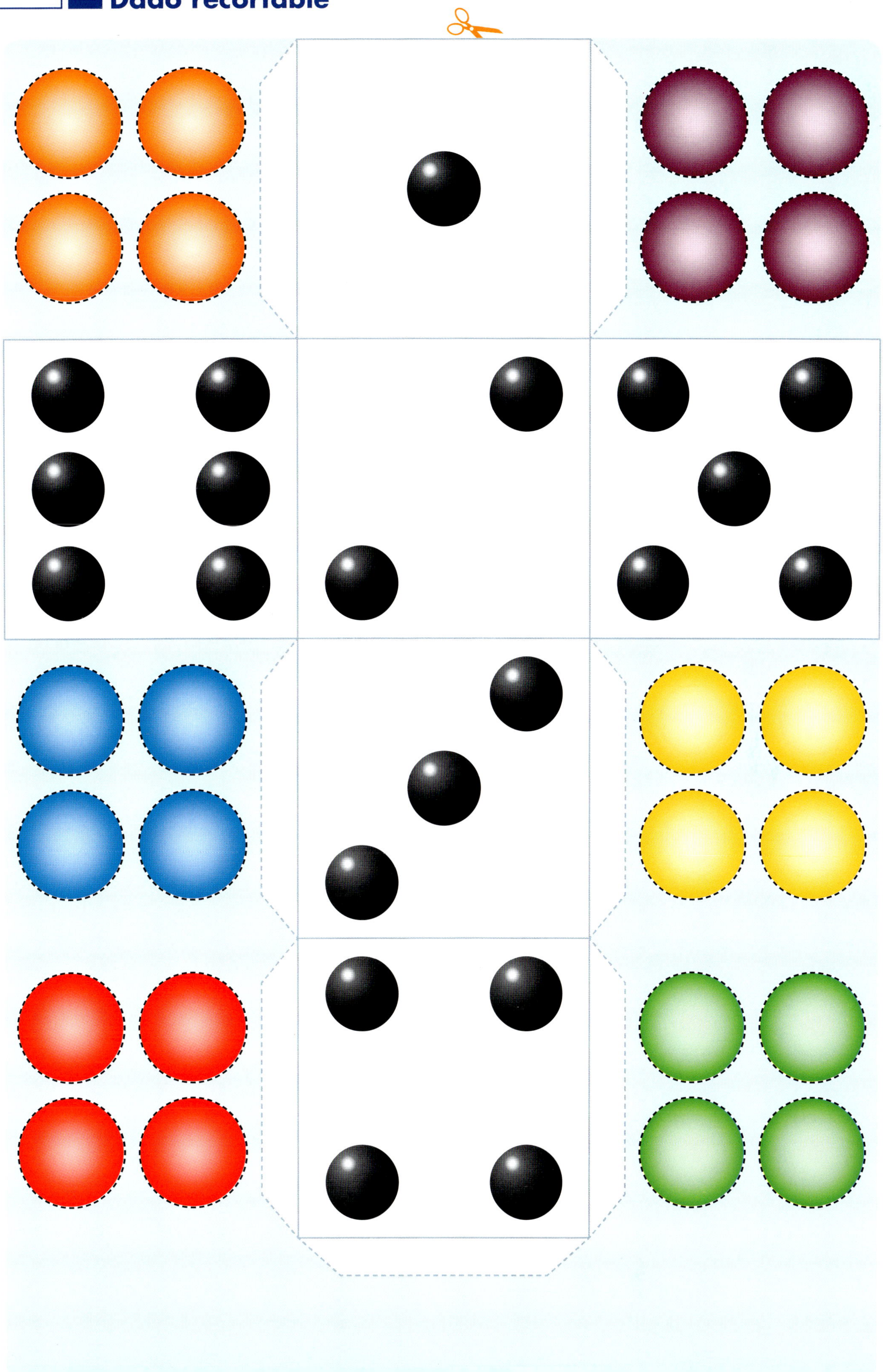

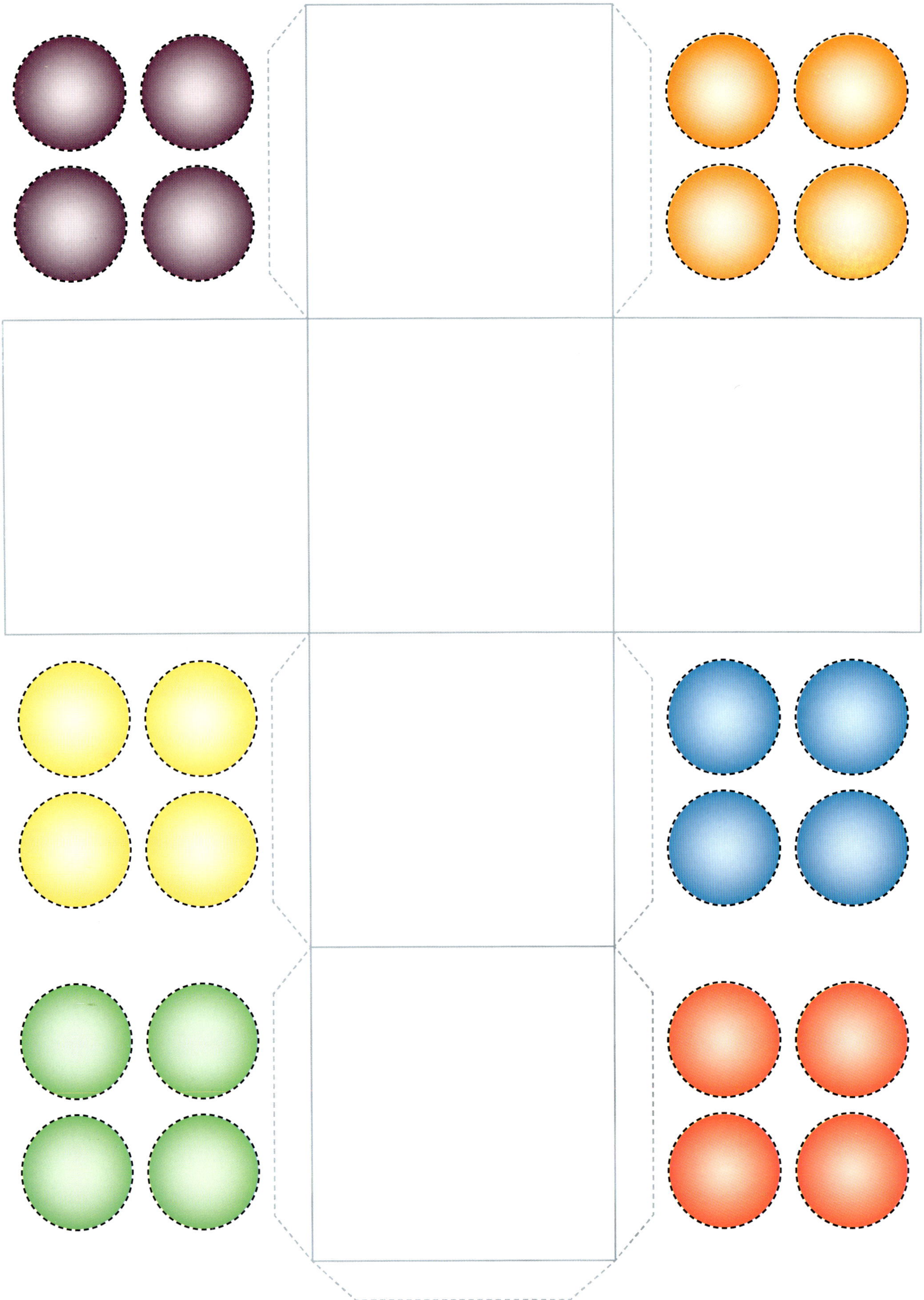